토론이
밥 먹여준다

토론이 밥 먹여 준다

(초등 공부머리 완성 프로젝트, 토론·글쓰기)

[교실밖 교과서®] 시리즈 **NO.28**

지은이 | 국밥연구소
발행인 | 김경아

2019년 10월 24일 1판 1쇄 인쇄
2019년 10월 31일 1판 1쇄 발행

이 책을 만든 사람들
책임 기획 | 김경아
북 디자인 | 김효정
교정 교열 | 안종군
경영 지원 | 홍종남
제목 | 구산책이름연구소

이 책을 함께 만든 사람들
종이 | 제이피씨 정동수·정충엽
제작 및 인쇄 | 천일문화사 유재상

도움 주신 분들
강선우, 유지은

펴낸곳 | 행복한나무
출판등록 | 2007년 3월 7일. 제 2007-5호
주소 | 경기도 남양주시 도농로 34, 부영e그린타운 301동 301호(다산동)
전화 | 02) 322-3856 팩스 | 02) 322-3857
홈페이지 | www.ihappytree.com
도서 문의(출판사 e-mail) | e21chope@hanmail.net
내용 문의(국밥연구소) | gookbaab@gmail.com
※ 이 책을 읽다가 궁금한 점이 있을 때는 국밥연구소 e-mail을 이용해 주세요.

ⓒ 국밥연구소, 2019
ISBN 979-11-88758-16-6
"행복한나무" 도서번호 : 117

토론이
밥 먹여준다

국밥연구소 지음

행복한
나무

우리 아이가 말도 잘하고,
글도 잘 쓴다면

거의 모든 부모들은 자녀가 책을 좋아하고, 글을 잘 쓰고, 자기 의견을 똑바로 말할 수 있기를 바랍니다. 독서, 글쓰기, 발표 능력이 공부의 기본일 뿐 아니라 세상을 살아가는 데도 중요하다는 걸 알기 때문입니다. 그러나 안타깝게도 책도 좋아하고, 글도 잘 쓰고, 자기 의견도 또박또박 말할 줄 아는 초등학생은 드뭅니다. 이 세 가지를 다 갖춘 학생들이 더러 있는데 그 경우도 부모의 노력에 의해서라기보다는 타고난 자질이 발현된 경우가 더 많습니다. 공부의 기본이 되는 세 가지 능력을 갖추는 것은 그저 행운에 맡겨야만 하는 것일까요?

지은이는 초3때 전국 글쓰기 대회에서 으뜸상인 대통령상을 받았습니다. 특목고생을 비롯한 수많은 고등학생들도 참여했는데 초등학교 3학년이 대통령상을 받았으니 놀라운 일입니다. 초등학교 5학년 때에도 또 다른 전국대회에 나가서 으뜸상인 대상을 받았습니다. 전국대회에서 으뜸상 외에 우수상이나 장려상을 받은 경우는 너무 많아서 일일이 열거하기가 힘들 정도입니다. 지은이는 초3 때도 글을 잘 썼지만 학년이 올라갈수록 글에 깊이 있는 감정과 이야기를 담아내는 능력이 커지고 있습니다. 어떻게 지은이는 전국대회에서 대상을 연거푸 탈 정도로 글을 잘 쓰는 아이가 되었을까요?

효석이는 중2 때 지역에 있는 작은 북카페에서 영화 소개 모임을 이끌었습니다. 자신이 본 영화를 소개하고, 다 같이 영화를 본 뒤에 영화에 관한 토론을 진행했습니다. 대부분 어른들이 관객이었는데 효석이는 어른들과 치열한 토론을 벌이면서도 조금도 밀리지 않았습니다. 때로는 어른들이 생각지도 못하는 면들을 지적하며 어른들이 지닌 고정관념을 깨뜨리기도 했습니다. 효석이와 이야기를 나누다보면 해박한 논리와 날카로운 비판능력에 감탄할 때가 많습니다. 어떻게 효석이는 어른들에게 영화를 소개하고, 토론을 주도할 만큼 말을 잘 하는 아이가 되었을까요?

지은이와 효석이의 공통점은 누구나 예상하듯이 독서입니다. 글 잘 쓰는 아이 치고 독서광이 아닌 경우는 없습니다. 지은이도 일 년에 수백 권의 책을 읽는 독서광입니다. 초등학교 1학년 때부터 빼곡하게 정리한 도서목록을 보면 어마어마합니다. 지은이는 시험 기간에도 책을 붙들고 있어서 부모님이 은근히 걱정할 정도입니다. 지은이 엄마는 어릴 때부터 독서에 많은 관심을 기울였습니다. 늘 책을 옆에 두는 환경을 제공했고, 책읽기를 무엇보다 가치 있는 일로 여겼습니다. 책을 읽을 때 흐뭇해하는 엄마를 보며 지은이는 독서를 즐기게 되었습니다. 책을 많이 읽으니 수많은 이야기와 멋진 문장이 지은이 안에 담겼고, 결국 풍성한 글

로 열매 맺었습니다.

효석이도 마찬가집니다. 효석이가 아주 어릴 때부터 효석이 부모님은 늘 책을 읽어주었습니다. 경제적으로 어려운 상황에서도 책을 사는 돈은 아끼지 않았고, 자기 전에 수십 쪽에 달하는 책을 읽어주기도 했습니다. 부모님들도 시간이 나면 늘 책을 곁에 두고 읽었습니다. 효석이에게 독서는 특별한 행위가 아니라 습관이었습니다.

지은이와 효석이의 또 다른 공통점은 수다스럽다는 것입니다. 지은이는 말을 참 많이 합니다. 학교에 다녀오면 엄마와 한참 동안 수다를 떱니다. 친구들 이야기, 선생님 이야기, 새롭게 배운 공부 이야기, 힘들었던 이야기, 재미있었던 이야기, 억울했던 이야기, 뿌듯했던 이야기를 끝도 없이 쏟아냅니다. 지은이 어머니는 그런 딸의 폭발적인 수다를 즐겁게 들어줍니다. 가끔 너무 많은 이야기를 하는 것 같아 절제시키는 게 좋지 않을까 생각하기도 하지만 오죽 할 말이 많을까 싶어서 충분히 이야기를 꺼내놓게 합니다. 다른 부모들이 흔히 하는 '교훈'이나 '잔소리'는 거의 하지 않고, 친구와 이야기하듯이 수다를 떱니다. 지은이 의견과 엄마의 견해가 다르면 토론도 하는데, 그때도 일방적으로 교훈을 말하기보다 대등하게 의견을 나눕니다. 엄마와 대화를 나누면서 지은이 머릿속에는 수많은 이야기가 쌓여 갔습니다. 이야기가 많으니 글로 쓸 거리가 참 많습니다. 엄마와 나누는 대화가 글쓰기의 줄기가 되고, 가지가 되고, 잎이 됩니다.

효석이는 지은이처럼 수많은 이야기를 쏟아냅니다. 효석이 부모님은 효석이가 이야기를 풀어내면 재미나게 듣고 맞장구를 칩니다. 효석이는 초4때부터 영화를 좋아했는데, 함께 영화를 보며 영화를 주제로 몇 시간씩 수다를 떨기도 합니다. 당연히 의견이 다르면 토론도 하고, 부모님이 생각하는 깊이 있는 생각도 들려줍니다. 그 과정에서 효석이는 사고력이 향상되고, 자기 삶을 관찰할 줄 알며, 많은 이야기를 가슴에 품은 아이로 성장했습니다.

　지은이와 효석이는 글도 많이 씁니다. 부모님들은 지은이와 효석이가 스스로 보여주지 않으면 지은이와 효석이가 쓴 글을 억지로 보지 않습니다. 당연히 몰래 보는 경우도 없습니다. 지은이는 소설을 많이 쓰고, 효석이는 영화 극본을 씁니다. 부모님들은 아이가 쓴 글을 읽고 난 뒤에는 잘 썼느니, 못 썼느니 하는 평가는 절대로 하지 않습니다. 아이가 글을 통해 무슨 말을 하려고 하는지, 억울하거나 뿌듯해하는 마음은 없는지, 기발한 표현이나 재미난 이야기는 없는지를 발견하는 데 정성을 기울입니다. 평가를 받지 않는 글을 마음껏 쓴 지은이의 글은 그래서 늘 살아있습니다. 자기 생각을 극본으로 만들어내는 효석이의 글에는 깊이 있는 통찰과 상징이 가득합니다.

　글을 잘 쓰는 아이, 발표를 잘하는 아이, 토론을 잘하는 아이로 키우는 방법은 의외로 아주 간단합니다. 그 간단한 방법, 이미 다 아는 방법을 부모님들이 실천하지 못할 뿐이죠. 『토론이 밥 먹여 준다』에서는 그 간단한 방법이 왜 효과가 있으며, 어떻게 실천하면 되는지 알려드립니다. 1부를 읽을 때는 방법과 원칙을 마음에 새기고, 2부는 한꺼번에 읽지 말고 자녀의 학년에 해당하는 부분을 찾아서 하나씩 따라해 보시기 바랍니다. 2부에 나온 실천 연습법에 따라 한 달만 연습하고 나면 토론과 글쓰기 지도가 이처럼 쉬웠나 하고 놀라실 것입니다.

국밥연구소

4주만에 완성하는 토론과 글쓰기 실천 프로그램

:: 실천 연습법 안내 • 126

3장 초등 1~2학년의 실천법
– 즐거운 생각을 나누게 하자 • 136

4장 초등 3~4학년의 실천법
– 글 쓰는 재미를 들이자 • 192

Tip

1부

토론과 글쓰기를
잘하는 비결

1장
토론하는 거실

상당수 초등학생들은 책을 읽고 제대로 줄거리를 정리하지 못한다. 글을 쓸 때 거의 대다수가 문단을 제대로 구성할 줄 모른다. 문단 구성력이 논리력과 직접 연결된 능력이라는 것을 감안하면 대다수 학생이 논리력이 부족하다는 뜻이다. 논리력을 키우는 가장 좋은 방법은 토론이다. 초등학생들의 논리력이 부족한 것은 토론을 하지 않기 때문이다.

대화가 막힌 가정에
토론의 달인은 없다 01

"아이가 말했던 것과 똑같이 남편 분과 통화를 하시네요."
상담 중에 남편과 통화하는 말을 듣고 선생님이 웃으며 말했다.
"제 아이가 별의별 말을 다하나 봐요?"

어머님은 당황함과 미소가 뒤섞인 표정을 지으며 말했다.
"그럼요. 별의별 말을 다하죠. 솔직히 오랫동안 제 수업을 받는 아이들의 경
우 웬만한 가정사는 제가 다 꿰고 있답니다. 단지 모른 척할 뿐이죠."
"집에서는 별로 이야기를 안 하는데, 선생님께는 이야기를 많이 하나 보네
요."
"네, 아이들은 마음껏 말할 수 있는 기회만 제공하면 솔직하게 모든 것을

털어놓습니다. 상대방이 자기의 이야기를 잘 들어 준다는 느낌이 들거나 소중하게 여긴다는 믿음만 심어 주면 아이들은 별의별 이야기를 다 한답니다."

어머님은 고개를 끄덕였다.
"아이가 선생님을 많이 믿고 신뢰한다는 느낌이 들더니 그래서였군요."

진짜 대화를 원하는 아이들

아이들은 대화를 나누고 싶어 한다. 자기 생각을 말할 기회를 충분히 제공받기를 원한다. 누군가 자기 이야기에 귀를 기울여 주기를 바란다. 공부뿐만 아니라 살아가면서 보고, 느끼고, 겪는 작은 일들을 나눌 사람을 원한다.

아이들은 기회만 주어지면 자신이 겪은 것, 관심 있는 것, 생각하는 것을 끊임없이 말한다. 프롤로그에서 소개한 지은이도 수없이 많은 말을 한다. 엄마가 들어 주지 않는다면 지은이가 그처럼 많은 말을 할 리가 없다. 듣는 이가 없으면, 정성껏 대꾸해 주는 이가 없으면 말할 기분이 나지 않는다. 소위 '리액션'은 예능에만 필요한 것이 아니다. 일상에서 가장 필요한 것이 '리액션', 즉 진실하고 적절한 반응이다. 반응을 해 주어야만 신나게 말을 하고, 자꾸 말을 한다. 지은이 어머님은 지은이와 대화를 나누는 것이 즐겁다고 한다. 말하는 능력은 일상의 무수한 대화 속에서 자연스럽게 길러진다. 일상이 바로 '교육의 장'이다.

많은 가정에서 대화가 사라지고 있다. 학교가 끝나면 방과 후 학교에, 학원에, 숙제에, 시험공부에 매달려야 하기 때문에 여유 있게 대화를 나눌 시간이 없다. 그나마 짬나는 시간은 공부하라는 잔소리와 일방적 지시가 대부분을 차지한다. 공부와 관련된 대화, 부모의 잔소리 등을 빼면 무엇이 남을까? 마음을 나누는 대화를 '진짜 대화'라고 할 때 가정에서 부모와 자식 사이에 '진짜 대화'가 얼마나 되는지 한번 생각해 보기 바란다.

지성(가명)이는 어느 날 선생님과 단 둘이 있게 되자 아빠를 원망하는 말을 털어 놓았다.

"아빠는 제 생각을 묻지 않아요. 아빠가 결정하면 무조건 따라야 해요. 추석 때 할아버지 댁에 가서는 저한테만 일을 시키셨어요. "왜 저만 일 해야 되느냐?"고 물었더니 되돌아오는 대답은 "왜 어른에게 따지느냐?"였어요. 얼마나 기분이 나빴는지 몰라요. 전 따지는 것이 아니라 사촌이 대여섯 명이나 되는데 저만 일을 하는 것이 불공평하다고 생각했거든요. '왜 하필 나인지', '다른 아이들은 왜 일을 시키지 않는지'를 묻고 싶었어요. 하지만 아빠는 저를 그냥 무시하세요. 제 말은 들을 생각을 안 해요."

"정말 힘들고 화가 났겠네."

"네. 아빠는 아무런 설명 없이 그냥 시키기만 하세요. 제가 시험을 망쳤을 때는 다짜고짜 야단부터 치세요. 제가 얼마나 열심히 공부했는지, 얼마나 노력했는지는 알려고 하지 않으시고, "이러고도 네가 대학을 갈 수 있겠느냐?"라고 하시면서 호통을 치세요. 전 아빠와 똑같은 직업을 갖고 싶기는 하지만, 아빠처럼 자식들 말은 듣지도 않고 지시만 하는 아빠는 되지 않을 거예요. 저는 그런 아빠가 싫어요."

이것이 아이들의 솔직한 마음이다. 아빠에게 반항하고 싶은 것이 아니라 대화를 하고 싶고, 아빠가 자신의 이야기를 들어 주기 바란다. 하지만 아빠는 아빠의 이야기만 한다. 힘과 권위로 눌러 버리려고 한다.

성윤(가명)이는 엄마에 대한 불만을 털어놓았다.

"저희 엄마는 저를 아예 안 믿어요. 공부를 열심히 했다고 말하면 믿을 수 없다면서 이것저것 확인을 하세요. 학원 간다고 하면 다른 데로 새지 말라고 하면서 의심의 눈초리로 쳐다 보시구요. 어쩌다 조금 늦게 들어오면 경찰이 범인을 취조하듯이 저를 몰아붙여요.."
"주로 공부와 관련된 이야기들을 믿지 않으시는구나. 그런데 평상시에 대화 할 때도 널 안 믿으시니?"
"대화요? 평상시에 대화를 한 적이 있나 모르겠어요. 공부 외의 주제로 대화를 나눈 기억이 없어요. 그리고 보니 엄마가 공부와 관련된 말 말고 다른 말을 하신 기억이 안 나요. "그만 자라.", "게임 그만해라.", "씻어라." 뭐 그런 말씀은 하시죠. 늘 잔소리하고, 야단치고……. 가끔 칭찬을 듣기는 해요. 성적이 올랐을 때요. 하지만 그때뿐이에요. 나중에 성적 떨어지면 또 야단을 맞으니까요."

미희(가명)는 일방적으로 휴대전화를 압수한 엄마에 대한 원망을 늘어놓았다.

"엄마가 다짜고짜 휴대전화를 압수해 버렸어요. 친구들과 문자하느라 공부를 안 한다고요. 물론 제가 문자를 조금 많이 하기는 했어요. 그래도 그렇지 문자를 줄인다든지, 시간을 제한한다든지 하는 방법도 있는데 무조건 빼앗아 가는 것은 폭력과 다름없다고 생각해요."

"그때는 화가 많이 나서 그러셨을 걸. 나중에 다시 이야기 안 해 봤어?"

"당연히 했죠. 그런데 소용없었어요. 이번 시험 결과를 보고 돌려 줄 것인지, 말 것인지를 결정한다고 하셨어요. 내 전화인데 나와는 의논도 안 하고 엄마 혼자서 결정하는 게 말이 된다고 생각하세요?"

물론 이런 일이 모든 가정에서 벌어지는 것은 아닐 것이다. 하지만 크든 작든 아이의 의견을 무시하는 일방적인 결정과 지시는 많은 가정에서 비일비재하게 일어난다. 그럴 때마다 아이들은 항변하고 싶지만 부모의 권위에 눌려 아무 소리를 하지 못한다. 아이들은 일상의 문제, 삶의 문제를 두고 대화를 나누고 싶어 한다. 간절히 원한다. 아이들에게 말할 기회를 제공해 주어야 한다. 말할 기회를 주고, 진지하게 들으면 아이들은 속마음을 진솔하게 털어놓는다.

대화가 막힌 가정, 대화가 흐르는 가정

대화가 막힌 가정에서 자란 아이가 토론을 잘하거나, 말을 잘하는 경우는 드물다. 지성이는 기회만 주어지면 말을 많이 하는 아이다. 그러나 말이 두서가 없다. 하고 싶은 말은 많고, 시간은 적다고 느끼는지 꺼낸 말을 제대로 마무리하지 않고 새로운 말을 하느라 바쁘다. 언뜻 보면 굉장히 말을 잘하는 아이

같지만, 말을 차근차근, 조리 있게 하는 능력이 부족하다. 성윤이는 대화를 나눌 때는 길게 말하다가도 책과 관련된 질문만 나오면 말이 짧아진다. 여러 문장으로 이루어진 답변을 듣기 위해서는 오랜 시간 참고 기다려야 한다. 언어 능력이 부족하다는 증거다. 미희는 쉬는 시간에는 귀가 아플 정도로 말을 많이 하지만 토론 시간만 되면 입을 다물어 버린다. 일상적인 대화를 하다가도 주제가 조금 깊어지면 꿀 먹은 벙어리가 되어 버린다.

지성, 성윤, 미희가 겉으로는 말을 잘하는 것 같지만 말에 깊이가 없는 것은 어쩌면 당연하다. 평상시에 마음에 있는 이야기, 깊은 고민을 나누는 이야기를 할 기회가 없기 때문이다. 물론 말이 많다고 말을 잘하는 것은 아니다. 하지만 진심을 담은 말, 구성력이 뛰어난 말, 분석력이 돋보이는 말은 아무나 할 수 있는 것이 아니다. 반면 지은이처럼 따뜻한 대화를 많이 나누는 아이들은 깊이 있는 생각을 담은 말을 체계적으로 잘한다.

세연이는 아빠의 직장이 먼 곳에 있어서 주말에만 아빠를 만난다. 세연이의 아빠는 직장이 멀리 떨어져 있고, 일이 바쁘지만 세연이에게 늘 전화를 한다. 많을 때는 하루에 여덟 번씩이나 전화를 하신다고 한다. 아빠와 세연이는 전화를 통해 '진짜 대화'를 나눈다. 일상의 시시콜콜한 이야기부터 사랑과 정을 나누는 이야기까지 대화의 폭이 매우 넓다. 세연이는 그런 아빠를 언제든지 자기 이야기를 들어 주는 존재로 여긴다. 그래서 그런지 세연이는 말을 참 잘한다. 세연이가 말을 잘한다는 것은 단순히 말을 많이 하는 것과 차원이 다르다. 말에 깊이가 있고, 진심이 담겨 있으며, 조리가 있다. 세연이 말에는 진솔함이 담겨 있다.

"아무것도 기대를 하지 않으면 실망이 없겠지만, 실망할 것이 두려워 기대를 하지 않는 것은 바보같은 짓입니다. 기대와 희망을 품고 살면 마음이 기쁩니다. 물론 기대가 이루어지지 않았을 때는 실망스럽고 마음이 아프겠지만, 이를 두려워해서는 안 됩니다. 저는 골이 깊어야 산이 높다고 생각합니다. 아픔과 실망이 클수록 성취했을 때의 기쁨은 더욱 클 것이기 때문입니다. 이 사실을 안다면 아픔과 실망을 대하는 마음도 바뀌리라 생각합니다."

세연이가 쓴 글의 일부다. 아픔과 실망을 부정적으로만 보지 않고 이로 인해 더욱 큰 기쁨을 누릴 수 있다는 심오한 이야기를 초등학교 6학년이 하다니 놀라운 수준이다. 아빠와 나누는 사랑스러운 대화 덕분에 세연이는 심오한 말을 하는 아이가 된 것이다.

상인이는 늘 행복한 표정으로 지내는 아이다. "전 행복해요. 기뻐요." 상인이가 입버릇처럼 하는 말이다. 상인이는 힘든 일이 닥쳐도 즐겁게 처리하고, 난관이 닥쳐도 쉽게 이겨 낸다. 늘 긍정적으로 생각하고, 삶을 희망차게 바라본다. 친구들과도 잘 어울리고, 다른 이를 사랑할 줄도 안다. 상인이 부모님은 어떨까? 누구나 예상하듯이 따뜻하고, 다정하며, 상인이와 친구처럼 대화를 나누는 분들이다.

"우리 반에서 미술 수행평가를 할 때였어요. 제 친구 중 한 명은 그림을 정말 잘 그리는데 같은 모둠에 그림을 잘 그리는 아이가 또 한 명 있었죠. 모두들 그 모둠이 최고로 잘할 거라고 부러워했어요. 뛰어난 실력을 지닌 두 사람이 함께 있으니까요. 그런데 나중에 보니 둘의 의견이 달라 다툼이 생겼고, 다른 아이들도 두 편으로 나누어 다투느라 제대로 진행을 하지 못했어요. 반면에 우리 모둠 구성원들은 그림 그리는 재능이 뛰어나지 않았어요. 하지만 마음은 잘 맞았죠. 결과는 우리 모둠이 훨씬 좋았어요. 재능보다는 화합이 훨씬 중요한가 봐요."

상인이가 한 말이다. 일상을 관찰하는 힘, 삶의 진리를 발견하는 힘이 매우 뛰어나다는 것을 알 수 있다. 따스하고, 진중하면서도, 사려 깊은 말을 잘하는 아이들의 뒤에는 항상 따뜻한 가정이 있다. 아이의 말하는 능력, 생각하는 능력에 가장 큰 영향을 끼치는 것은 '학교'나 '학원'이 아니라 바로 '가정'이다.

일상 대화는 듣기에서 시작

지금까지 대화를 잘 나누지 않았다가 대화를 갑자기 하려고 하면 어색하고 힘이 든다. 아이들도 자기 이야기를 쉽게 꺼내지 못한다. 그럼 어떻게 해야 할까? 어떻게 해야만 아이와 자연스럽고 재미있게 일상을 주제로 하여 대화를 나눌 수 있을까? 그 비결은 '듣기'다.

나는 학교가 끝나면 집으로 돌아와 할아버지와 이야기를 나누곤 했다. 할아버지는 언제나 내 이야기에 귀를 기울여 주셨다. 내 이야기를 주의 깊게 들으며 이것저것 물어보기도 하셨다. 그럴 때마다 난 내 이야기들이 정말 중요한 것처럼 느껴졌다.

『생각을 부르는 이야기 1』(문학동네) 중에서

자녀에게 무언가 말하기 전에 들어야 한다. 귀를 기울여야 한다. 하고 싶은 말이 많아도, 일단 참고 들어야 한다. 자녀가 말을 하면 맞장구를 쳐 주고, 요구하면 왜 요구하는지, 어떤 마음으로 요구하는지를 들어야 한다. 잘 들어 주기만 하면 된다. 역사상 가장 뛰어난 화술가의 한 사람으로 평가받는 카네기는 '듣기의 달인'이었다. 회사를 경영할 때 가장 중심에 두어야 하는 것은 '고객의 소리'다. 고객의 소리를 잘 듣는 기업은 날로 번창한다. 연애를 잘하는 가장 좋은 방법도 '잘 듣기'다. 자기 말을 가치 있고, 귀하게 여겨 주는 사람에게는 사랑하는 마음이 저절로 생긴다. 아이도 마찬가지다.

평소 자녀와 대화를 하지 않는다면, 부모만 말을 하고, 자녀의 이야기는 들어 주지 않았기 때문이다. 자신의 말을 잘 들어 주지 않는 사람이 자신에게 무언가 말을 하면 잘 듣지 않는다. "이것해라.", "저것해라." 지시하고, 잔소리를 많이 하는데도 자녀가 말을 잘 듣지 않는 이유는 부모가 자식의 이야기에 귀를 기울이지 않았기 때문이다. 자녀 말은 부모가 안 듣고, 부모 말은 자녀가 안 듣고, 피장파장이다.

이제 자녀가 부모 말을 죽어도 안 듣는다고 불평하지 말고, 먼저 자녀 말에 귀를 기울여 보자. 아무 가치 없는 이야기처럼 여겨지더라도 일단은 들어야 한다. 귀하게 여겨야 한다. 그러면 자연스럽게 마음이 열리고, 말이 열리고, 생각이 열린다.

부모가 자녀의 말을 들어 주는 것은 글쓰기 실력과 밀접한 관계가 있다. 지은이는 수다스러우리만큼 자기 이야기를 늘어놓았고, 엄마는 그것을 모두 들어 주었다. 일상의 경험을 책과 연결시켜 창조적으로 표현하는 힘은 바로 이런 과정에서 길러졌다. 말이 막히면 생각이 막히고, 생각이 막히면 글도 막힌다. 말이 뚫리면 이야기가 샘솟고, 생각이 깊어진다. 이야기가 넘치고 생각이 깊어지면 글은 자연스럽게 나온다.

거실을 대화의 공간으로

거실은 대화를 나누라고 있는 곳이지, 텔레비전을 보라고 있는 곳이 아니다. 소파는 대화를 나누기 편안한 분위기를 만들기 위해서 있는 것이지, 텔레비전을 보기 편하라고 있는 것이 아니다. 소파에 앉아 한쪽 벽면만을 멍하니 쳐다보지 말고, 자녀와 마주 보자. 공부하라고 잔소리할 때만 마주보지 말고 일상의 대화를 나누어 보자. 공부 말고도 아이와 나눌 이야기는 많다. 친구와 수다를 떨듯이 아이와 수다를 떨어 보자. 이보다 더 좋은 교육은 이 세상에 없다. 이보다 더 말하기 능력을 키워 주는 방법은 없다.

물론 일상의 대화만으로 21세기 대한민국이 원하는 '말하기 능력', '토론력', '논리력'을 기를 수는 없다. 하지만 일상의 대화는 이러한 능력을 키우는 바탕이 된다. 일상의 대화가 이루어지는 바탕 위에 이 책에서 소개하는 '가정토론'을 실천해 보자. 그러면 아이의 토론력, 논리력, 말하기 능력이 놀라운 수준으로 발전할 뿐만 아니라 물론 '토론의 달인'이 탄생하게 될 것이다.

TIP 책을 싫어하는 아이가 책을 좋아하게 만드는 간단한 비결

책 읽으라고 아무리 잔소리해도 책을 안 읽는 아이들이 많다. 좋은 책을 많이 읽어야 사고력도 길러지고, 나중에 공부도 잘한다는데, 책을 멀리하는 아이를 보면 답답하기만 한다. 이런 아이들이 책을 좋아하게 하는 방법은 아주 간단하다. 자녀가 책을 잘 읽는 아이이기를 원한다면 자녀가 좋아할 만한 책을 들고 아이의 침대로 찾아가라. 그리고 책을 읽어 주어라. 아이들은 부모가 시키면 안 하지만 몸으로 보여 주면 따라 한다. 부모가 책을 읽어 주는 것을 싫어하는 아이는 없다. 잠들기 전 10분 동안 책을 읽어 주면, 아이는 그 책에 저절로 손이 간다. 읽지 말라고 해도 저절로 그 책을 손에 잡게 된다. 부모가 읽어 줄 때의 행복한 기분을 느끼고 싶어서 저절로 책을 찾게 되는 것이다. 효석이는 잠을 잘 시간이 되면 책을 읽어달라고 조른다. 어릴 때부터 반복되는 일이다. 어느 날은 몸이 피곤해서 그냥 자면 안 되느냐고 아빠가 물었다. 그랬더니 효석이는 이렇게 말했다. "하루 종일 별의별 상상을 다 하잖아? 그런 상상들이 자기 전에 몰려와서 힘들고 가끔은 무섭기도 해. 그런데 아빠의 책 읽는 목소리가 모든 나쁜 상상을 몰아 내. 그럼 좋은 꿈이 날 찾아와. 난 행복하게 잠들고 싶어."

이런 말을 듣고 어떻게 책을 안 읽어주겠는가? 어릴 때 아이가 책을 좋아하게 하는 방법은 간단하다. 부모가 책을 읽어 주는 것이다.

02 역할토론, 가정토론을 활성화시키는 비밀의 열쇠

"내가 시키는 대로 집에서 토론해 볼래?"

앞서 이야기했듯이 상인이는 부모와 친구처럼 지내고, 다복이도 그에 못지 않은 가정 분위기이기 때문에 충분히 가능하다고 여기고 선생님이 제안을 했다.

"에이, 그건 불가능해요."

상인이와 다복이는 약속이나 한 듯이 손사레를 쳤다.

"왜? 너희 부모님처럼 좋은 분들이 어디 있니? 평상시에 그렇게 대화를 많이 나누는데 토론이 왜 안 돼?"

"그것은 그냥 대화잖아요. 토론은 달라요. 엄마, 아빠랑 토론을 어떻게 해요? 몇 마디 하지도 못하고 주눅이 들어서 말이 막힐 걸요."

결국 둘은 가정에서 토론을 하라는 선생님의 제안을 거절했다. 안타깝지만 어쩔 수 없었다. 하지만 신이와 유리는 선생님의 제안을 받아들여 실천을 했다. 선생님이 제시한 주제로 부모님과 토론을 한 뒤에 그 결과를 적어 오라고 했더니 그대로 했다. 그런데 자세히 살펴보니 그냥 일방적으로 부모님의 의견만을 적어 왔다.

"내가 토론을 하라고 했는데 제대로 하지 않은 모양이네."

유리가 말했다.

"안 한 것이 아니라 못한 거예요. 아빠, 엄마와 전 수준 차이가 너무 나요. 제가 주제를 설명하자 아빠, 엄마가 의견을 말씀하셨는데 대꾸할 말이 전혀 생각나지 않았어요."

"평상시 토론할 때는 그렇게 잘하더니 왜 그랬을까?"

"말씀드렸잖아요. 수준 차이가 너무 난다고."

신이도 맞장구를 쳤다.

"맞아요. 아빠는 바빠서 이야기를 못했고, 엄마한테 말씀을 드렸는데 엄마 의견을 들으니 할 말이 떠오르지 않았어요. 엄마 말씀이 너무 길고, 어려웠어요."

아마 많은 아이들이 부모와 토론하라고 하면 다복이나 상인처럼 반응할 것이다. 설사 토론을 한다고 해도 신이나 유리와 마찬가지로 토론을 제대로 하지 못할 것이다. 토론을 어려워하는 것은 부모도 마찬가지다. 심지어 부모와 자식 사이에는 토론을 하지 않는 게 좋다는 주장을 하기도 한다.

"물론 가정에서 토론하는 것이 좋은 줄은 알죠. 하지만 아이가 진지하게 토론하려고 하지 않아요. 솔직히 저도 아이와 토론할 자신도 없고요. 가정토론이 이상적이지만, 현실적으로는 불가능에 가깝습니다. 토론 교육은 학원이나 방문 선생님한테 맡기는 수밖에 없다고 생각해요."

솔직히 가정토론을 하기에는 우리나라 부모나 자녀의 토론 능력이 부족한 것이 사실이다. 이는 부모 탓이나 자녀 탓이 아니다. 부모 세대도 토론을 제대로 배우지 않았으므로 토론을 제대로 못하는 것은 당연하다. 그렇다면 가정 토론은 불가능한 것일까? 토론은 특별한 부모나 특출한 능력이 있는 자녀 사이에서만 가능한 것일까? 그렇지 않다.

지인이 엄마는 지인이와 아주 쉽고 재미있게 토론을 한다. 엄마와 지은이 사이의 토론이 가능한 것은 지은이 엄마에게 특별한 재능이 있거나, 지은이가 뛰어나서가 아니다. 토론하는 형식이 다르기 때문이다. 토론하는 가정을 만드는 비결은 바로 '역할토론'이다. 지식과 어휘력, 사회 경험, 독서량 등에서 워낙 차이가 많이 나기에 일반토론은 힘들다. 그러나 역할토론을 하면 재미있고 원활한 토론을 할 수 있다. 그것은 역할토론이 지닌 놀라운 장점 때문이다.

찬반토론과 역할토론

찬반토론이 의견의 차이를 확인하고 극복하기 위한 토론이라면, 역할토론은 책 속에 등장하는 인물의 처지와 상황에 맞게 대화를 나누는 것을 말한다. 어떤 사건이나 상황으로 인해 책 속에 등장하는 인물들이 대립하는 경우, 또는 특별히 갈등하는 상황에 놓이게 되는 경우, 재미있는 상황이 펼쳐지는 경우 각자 책속의 인물이 되어 이야기를 나눈다. 일종의 상황극이다.

『자전거도둑』(박완서 저)을 예로 들어 보자. 주인공인 수남이가 길거리에 세워

놓은 자전거가 강한 바람에 넘어지면서 어떤 신사가 세워 둔 자동차가 긁힌
다. 신사는 수남의 자전거에 열쇠를 채우고, 자동차 수리비를 가져오면 자전
거에 채운 열쇠를 풀어 주겠다고 한다. 수남은 신사가 잠시 자리를 비운 사이,
자전거를 들고 도망친다. 이 상황에서 찬반토론을 하는 방법과 역할토론을 하
는 방법을 비교해 보면 역할토론의 장점이 잘 드러난다.

먼저 찬반토론이다.

🐷 찬성　"수남이에게 배상 책임이 있습니다. 수남이의 자전거가 쓰러지면서 차
　　　　를 긁었기 때문입니다."

🐱 반대　"아닙니다. 자전거를 쓰러뜨린 것은 바람인데, 왜 수남이가 책임져야
　　　　합니까? 책임은 바람에게 있습니다."

🐷 찬성　"자전거를 그 자리에 세운 것은 수남이의 잘못입니다. 잘못 세운 책임
　　　　을 져야 합니다."

🐱 반대　"그렇게 말한다면 자동차를 잘못 세운 신사에게도 책임을 물어야 합니
　　　　다. 신사가 거기에 차를 세우지 않았다면 사고는 일어나지 않았을 테니
　　　　까요."

다음은 역할토론이다.

👨 신사　"네 자전거가 쓰러지면서 내 차를 긁었어. 그러니 넌 배상을 해야 해."

🧒 수남　"제가 왜 배상을 해요? 바람이 쓰러뜨렸잖아요. 아저씨 억지 부리지 마
　　　　세요."

👨 신사　"네가 자전거를 거기 세웠으니까 이런 사고가 생긴 거잖아?

수남 "바람이 자전거를 쓰러뜨릴 줄 알았나요? 그리고 아저씨가 거기에 차를 세우지 않았으면 자전거에 긁힐 일도 없었잖아요."

찬반토론과 역할토론을 비교해 보자. 일단 토론 주제와 상황은 동일하다. 토론자의 논리도 거의 동일하다. 주제와 논리가 동일한데도 느낌은 전혀 다르다. 찬반토론은 굉장히 딱딱하고 어렵게 느껴지지만 역할토론은 일상생활에서 늘 하는 대화처럼 친근하고 쉬워 보인다. 평상시 대화하듯이 말하면 되니까 재미있다. 신사와 수남이의 대화를 보면 마치 어릴 때 많이 하는 인형놀이나, 소꿉놀이, 연극놀이 같다. 상황과 인물이 책에서 비롯된다는 것만 다를 뿐이다. 역할 토론은 아이뿐만 아니라 어른도 재미있고 신이 난다. 하려고 마음만 먹으면 누구나 재미있게 즐기면서 할 수 있는 것이 역할토론이다. 그래서 역할토론은 대부분의 가정에서 가능하다.

선생님이 다복이와 상인이에게 역할토론에 대해 설명하고 가정에 가서 해 보라고 권했다. 상인이와 다복이는 고개를 끄덕이면서 좋다고 말했다.

"어? 이거라면 가능하겠는데요. 재미있을 것 같아요. 어릴 때 소꿉놀이를 하듯이 하면 되잖아요. 엄마도 재미있어 하시겠네요."

신이와 유리에게도 역할토론을 경험하게 한 뒤에 가정에서 해 보라고 했다. 역시 마찬가지 반응이었다.

"너무 재미있어요. 이런 식의 토론이면 어디 가서 누구하고도 토론할 수 있겠어요."

역할토론을 한 번이라도 경험한 아이들은 역할토론이 쉽고 재미있다는 사실에 즐거워한다. '토론이 이렇게 쉬운 것인가?' 하고 놀란다. 독자들도 집에서 한번 해 보면 쉽고 재미있게 토론할 수 있다는 사실에 깜짝 놀랄 것이다.

역할토론의 장점은 쉽고, 신나고, 즐겁다는 것만이 아니다. 역할토론이 지닌 장점은 정말 많다. 이 중에서 몇 가지만 소개한다.

토론 능력이 빠르게 길러진다

종석이는 정말 토론을 못했던 아이다. 종석이는 신나게 놀 줄만 아는 장난꾸러기다. 그런데 장난칠 때는 신나게 웃고 떠들다가도 토론이 시작되면 꿀먹은 벙어리가 되었다. 그나마 가끔 하는 말은 핵심에서 벗어나기 일쑤였다. 그런 종석이가 역할토론을 경험한 뒤에는 많이 달라졌다. 역할토론을 할 때 자신의 장점인 '장난스러움'을 마음껏 발휘할 수 있었다. 굳이 심각하게 고민할 필요없이 그냥 평상시 성격 그대로 말을 한 것이다. 그러더니 말문이 자연스럽게 열렸다. 역할토론도 '토론'이기 때문에 말을 많이 하면 논리력이 자연스럽게 길러지고, 판단 능력도 발달한다. 그렇게 4~5개월 동안 경험을 쌓은 뒤, 종석이는 학교에서 주최한 '영화 캠프'에서 감독상을 받았다. 뛰어난 연극 재능을 발휘한 것이 수상의 원동력이었다고 한다. 예전의 종석이었다면 상상도 할 수 없는 일이다. 역할토론을 통해 논리력, 판단 능력, 표현력과 더불어 연극적 재능이 길러졌기 때문에 가능했다.

종석이처럼 논리력이 부족하면 토론에 참여하는 것을 두려워한다. 소극적인 아이들도 마찬가지다. 설사 참여를 한다고 해도 토론을 제대로 하지 못한다. 토론을 제대로 못하기 때문에 토론을 통해 길러야 할 논리력과 발표력, 표현력을 기를 수 없다. 하지만 역할토론은 다르다.

역할토론은 논리가 아니라 '상황'과 '역할'이 중심이다. 역할토론은 연극이다. 논리가 부족하더라도 상황에 따른 대화, 역할에 충실한 대화는 얼마든지 가능하다. '논리'가 중심인 토론에서는 '논리'만이 대화에 등장하지만 역할토론에서는 논리뿐만 아니라 각자 상황에 맞는 다양한 말이 가능하다. 따라서 입이 쉽게 열린다. 소극적인 아이도, 논리가 약한 아이도, 독서량이 부족한 아이도 모두 말을 쉽게 한다. 소극적인 아이, 논리력이 부족한 아이들이 역할토론을 꾸준히 하면 종석이처럼 변화하는 사례는 무수히 많다.

토론 초보자를 토론 능력자로 기르는 데 있어 역할토론 만한 방법은 없다. 가정에서 토론을 통해 자녀의 논리력을 기르는 데 있어 역할토론처럼 쉽고 효과적인 방법은 없다. 역할토론을 통해 자녀의 논리력과 토론 능력은 비약적으로 성장할 수 있다.

이해력과 독해력이 향상된다

『버드나무에 부는 바람』(케네스 그레이엄 저)을 읽고 초등학교 5학년 아이들과 이야기를 나눌 때였다. 이야기의 줄거리는 대강 이러하다. 자동차에 푹 빠진 토드가 말썽을 피우자 배저 아저씨가 모울, 래트와 함께 토드를 설득하기 위해 나선다. 배저 아저씨가 열심히 설득하지만 토드가 전혀 반응이 없자, 배저 아저씨는 토드를 가둬 버린다. 토드의 못된 습관을 고치기 위해서였다.

윤주가 말했다. "정성들여 설득을 해도 말을 안 들으면 어쩔 수 없죠. 그렇다고 해서 억지로 가둬서 습관을 고치려 하는 것은 잘못된 것이라 생각해요. 그리고 자기가 하고 싶은 일은 하게 내버려 두어야 한다고 생각해요." 윤주는 배저 아저씨가 군이 싫다는 토드를 설득하려고 애쓰고, 결국에는 가둬 버리기까지 한 행동을 이해하지 못했다.

이 장면으로 역할토론이 진행됐다. 책에는 배저 아저씨가 자동차에 미쳐 있는 토드를 설득하는 장면이 나온다. 윤주가 배저 아저씨 역할을 했고, 배저 아저씨에게 끝까지 설득당하지 않은 토드 역할은 다른 아이가 했다. 역할에 따라 윤주는 열심히 설득을 했다. 그러나 토드 역을 맡은 아이는 설득당할 듯하면서도 배저 아저씨의 성질을 건드리기만 할 뿐 설득당하지 않았다. 5분 정도 정성들여 설득했음에도 상대편이 얄밉게 굴면서 계속 자동차를 타겠다고 말하자 윤주는 주위에 있던 아이들에게 "야, 쟤 가둬. 가둬서 다시는 자동차 못 타게 해." 하며 소리를 질렀다. 그것으로 역할토론이 끝났다. 윤주는 그렇게 소리를 지르고 난 뒤에도 씩씩거렸다. "배저 아저씨 마음을 이해하겠어! 어휴, 얄미워!"

처음에 왜 배저 아저씨가 토드를 가두었는지 전혀 이해하지 못했던 윤주가 배저 아저씨의 선택을 이해한다고 말했다. 물론 윤주가 이해한 내용은 책 속의 배저 아저씨의 마음과는 조금 다르다. 배저 아저씨는 얄미워서가 아니라, 토드를 진심으로 걱정하고 사랑했기 때문에 그렇게 행동한 것이다. 정확하지는 않지만 납득하지 못했던 감정에 다가갔다는 점에서 윤주의 이해력이 조금은 발전한 셈이다. 역할토론이 끝나고 배저 아저씨의 진짜 마음을 말해 주자 윤주는 충분히 이해한다면서 고개를 끄덕였다. 윤주는 역할토론을 통해 그냥 책을 읽었을 때는 이해하지 못했던 인물의 마음과 행동을 이해하게 된 것이다.

책의 줄거리는 아는데 인물의 성격이나 고민은 제대로 파악하지 못하는 아이들이 많다. 왜 그 인물이 그런 행동을 할 수밖에 없었는지, 그러한 상황에 놓이면 왜 그런 고민을 하는 것인지를 제대로 납득하지 못하고 그저 그러려니 하면서 줄거리만 기억하고 만다. 그런 아이들이 역할토론을 경험하면 책을 이해하는 힘이 생긴다. 역할토론을 하면 인물의 상황이나 감정이 깊이 있게 다가온다. 막연히 머릿속으로만 생각하면 이해를 못하지만, 직접 그 상황에 처해 보면 저절로 공감을 한다. 역할토론이 인물에 대한 이해력을 높이는 것이다. 인물에 대한 이해력이 높아지면 독해력도 향상된다. 책을 정확하게 이해하게 되는 것이다.

현실의 어려움을 극복하는 힘이 커진다

상황에 맞게 이야기하는 역할토론을 많이 하다 보면, 자신이 처한 상황에 대응하는 힘도 커진다. 역할토론은 대인관계에 필요한 힘을 길러 준다.

『딥스』(버지니아 M. 액슬린 저)에는 상처받고 외로움에 떨던 한 아이가 놀이치료를 통해 당당한 아이로 성장하는 과정이 담겨 있다.『딥스』는 놀이치료가 사람이 성장하는 데 얼마나 큰 힘을 발휘하는지를 잘 보여 준다. 놀이치료 정도는 아니지만 역할토론도 놀이치료와 형식적인 면에서는 비슷하기 때문에 놀이치료와 같은 효과를 발휘한다.

거의 매 시간마다 역할토론을 했던 3학년 아이들이 있었다. 어느 날 수업을 함께 하는 3학년 아이들 사이에서 서로의 노트에 낙서를 하는 문제로 사소한 다툼이 생겼다. 수업을 하다 보면 흔히 생기는 문제다. 선생님은 대화로 문제를 해결하려고 했으나 대화를 나누다가 오히려 싸움이 커졌다. 대화와 타협이 아니라 목청 크기로 옳고 그름을 겨루었다. 선생님은 싸움을 멈추게 한 뒤역할을 바꾸어서 대화를 나누게 했다. 싸우고 있는 상대편 아이가 되어 보도록 한 것이다. 처음에는 약간 어색했지만 조금 지나자 바뀐 역할의 아이가 되어 대화를 주고받았다. 점차 목소리도 커지려고 했다. 선생님은 그 순간 토론을 중지시켰다. 그런 다음 서로 떨어져서 생각해 보라고 했다. 얼마 뒤, 서로 다투었던 아이들은 다시 만나 이야기를 하고, 선생님이 시키지도 않았는데 서로 사과를 했다. 상대편 기분을 충분히 이해한다고 말했다. 다투었던 아이들은 수업이 마무리될 때쯤 예전보다 훨씬 친해졌다.

많은 소설이나 드라마, 영화에서 역할 바꾸기를 통해 상대편을 더 깊게 이해할 수 있음을 보여 주는 방식을 사용하는 데는 모두 이유가 있다. 역할토론은 내가 아닌 남을 이해하는 능력을 길러 주고, 내가 아닌 남의 처지와 고민에 공감하는 감성을 길러 준다. 역할토론은 '현실의 문제를 해결하는 힘', '관계를 맺어 나가는 힘'을 길러 준다.

매우 독특하면서도 뛰어난 토론 형식인 모의법정, 모의국회, 모의UN총회도 모두 역할토론의 일종이다. 이런 토론이 재미있으면서 교육 효과도 뛰어나다는 것은 누구나 아는 사실이다. 역할토론은 아이에게만 도움이 되는 것이 아니라 부모에게도 도움이 된다. 역할토론은 일방향 교육이 아니라 쌍방향 교육이기 때문이다. 거실에서 나누는 간단한 역할토론은 토론 교육을 받지 못한 부모에게도 좋은 경험을 제공한다.

많은 사람들이 책은 골고루 읽으라고 한다. 맞는 말이지만 틀린 말이기도 하다. 편독은 일정한 책을 향한 주체 못할 끌림이다. 모든 책을 다 좋아할 수는 없다. 책이 아닌 그 무엇이든 마찬가지다. 세상 모든 것에 마음이 끌리는 사람은 없다. 따라서 편독은 자연스러우며 반가운 태도다. 편독조차 없는 사람은 좋아하는 책이 아예 없는 사람이다. 특정한 책을 좋아하지 않고 모든 것을 다 읽는 사람은 불행한 사람이다. 이런 사람은 책을 오랫동안 좋아할 수 없다.

편독에 빠진 아이는 책을 사랑한다. 미치도록 사랑한다. 책을 미치도록 사랑하는데 무엇이 문제겠는가? 편독은 집중이다. 집중해서 한 분야를 파고드는 집요함이다. 그래서 편독을 권해야 한다. 편독을 한다 싶으면 편독을 더욱 많이 하게끔 적극 권장해야 한다. 그리하여 끝을 보게 하라. 한 분야에서 끝에 도달한 사람을 우리는 '전문가'라고 한다.

골고루 읽어야 한다는 환상에서 벗어나야 한다. 사람은 당연히 끌리는 것이 있게 마련이고, 끌리는 것을 충분히 즐기기에도 인생은 짧다. 특히 어린 시절은 더욱 짧다.

역할토론을 즐겁게 하는 여덟 가지 방법 03

역할토론은 정말 쉽고 재미있다. 특별한 기술이나 토론 능력도 필요 없다. 소꿉놀이나 인형놀이를 할 줄 알면 누구나 할 수 있다. 역할토론이 쉽기는 하지만 처음에는 '가정에서 토론'을 한다는 것 때문에 어색하고 부담스러울지도 모른다. 이번에는 어색함을 없애고 재미있게 역할토론을 하는 데 도움이 될 만한 방법과 토론 효과를 극대화시킬 수 있는 방법을 소개하고자 한다(물론 일상의 대화를 먼저 회복한 뒤에 해야 한다. 일상의 대화도 제대로 못하면서 이런 역할토론을 하려고 시도하면 잘되지 않는다.).

거실에 간식을 준비한다

많은 이들이 토론을 딱딱하고 재미없는 것으로 여긴다. 토론을 하라고 하면 부담스럽게 여긴다. 평소 하지 않던 토론을 갑자기 하려고 하면 부모도 아이도 어색함을 느끼기 쉽다. 따라서 가장 편안한 기분이 드는 환경을 만들어야 한다.

토론 장소는 거실이 적당하다. 책상은 공부한다는 기분이 들어서 자연스럽지 않다. 침실은 대화보다는 휴식의 공간이다. 안락함과 편안함, 가족이 모두 모여서 휴식과 여유를 즐기는 공간은 '거실'이다. 대부분 가정의 거실에는 소파가 있기 때문에 편안하게 앉을 수도 있다. 거실은 가정에서 가장 안락한 장소다. 따라서 '거실'은 최고의 토론 장소이다.

토론을 하기 전에 간단한 음식을 준비한다. 먹기에 부담스럽거나 이야기를 하는 데 방해되는 음식보다는 과일이나 과자, 차나 음료수처럼 가볍게 먹을 수 있는 간식이 좋다. 원활한 만남을 위해 우리는 늘 무언가를 먹는다. 그냥 만나면 어색해도 과일이나 차, 밥을 앞에 두고 만나면 자연스럽게 어울릴 수 있다. 음식이 주는 효능 때문이다. 음식을 씹을 때 분비되는 호르몬이 사람에 대한 친밀감을 높이고 어색함을 덜어 준다. 직장에서 회식을 하는 이유도, 연인들이 찻집에서 차를 마시며 데이트를 하는 이유도 모두 마찬가지다.

간식이 준비된 상태에서 편안한 소파에 앉으면 아이의 마음이 즐겁다. 부모 마음도 편안하다. 토론을 한다는 부담이 사라지고 가볍게 대화를 나누는 분위기가 형성된다. 간식을 먹으면서 편안하고 재미있게 역할놀이, 상황극을 하면 그것이 바로 '토론'이요, '토론하는 거실'이다.

방법 2 역할토론에 필요한 소품을 준비한다

소꿉놀이를 하거나, 인형놀이를 할 때는 소품을 이용한다. 소품은 감정이 입을 하는 데 도움을 주고, 재미를 느끼게 하고 상상력을 자극한다. 역할토론을 할 때도 소품을 사용하면 재미와 흥미를 불러일으키고, 적절한 감정이입이 가능하다.

인형은 가장 효과적인 소품이다. 역할과 비슷한 인형을 사용하면 실감나는 역할을 할 수 있다. 역할 토론을 하기 위해 손가락 인형, 손 인형, 나무 인형, 플라스틱 인형, 동물 인형 등을 다양하게 준비하면 좋다. 역할토론에 필요한 다양한 인형은 문방구나 마트에서 쉽게 구입할 수 있다. 만약 적당한 인형이 없다면 책에 나온 캐릭터를 흉내 낸 그림을 그리거나 복사한 뒤에 오려서 사용해도 된다.

인형 외에 주변 풍경을 표현하는 물건이나 토론자 몸에 걸치는 소품을 준비하는 것도 좋은 방법이다. 예를 들어 앞에서 소개한『자전거 도둑』의 상황이라면 장난감 자동차나 자전거를 준비하는 식이다.『자전거도둑』으로 역할토론을 할 때 자동차와 자전거가 있으면 연극하는 맛이 살아나서 토론이 더 잘되고 재미도 커진다.

방법 3 부모와 아이가 함께 책 읽는 기쁨을 누려라

역할토론을 하려면 부모와 자녀 모두 책을 읽어야 한다. 책을 읽지 않으면 상황을 이해하지 못하고, 역할을 충실히 이행하지도 못하며, 토론도 불가능하

다. 여기서 강조하는 것은 자녀의 독서가 아니라 부모의 독서다.

자녀에게는 책을 읽으라고 이야기하면서도 정작 자신은 책을 읽지 않는 부모들이 많다. 책 읽는 습관은 부모에게도 필요하다. 어른도 항상 책을 벗하면서 살아야 한다. 함께 역할토론을 하기 위해서 자녀의 책을 같이 읽다 보면 부모도 독서하는 습관이 생긴다. 부모가 책을 읽으면 자녀는 자극을 받아 자연스럽게 책을 읽는다. 부모의 독서는 자녀의 독서 습관 형성에 도움을 주는 좋은 환경이다.

어른이 아동용 책을 보는 목적은 오직 아이를 가르치기 위함이라고 생각하는 경우가 많은데 그렇지 않다. 아동용 책에 담긴 깊은 뜻과 심오함은 어른용 책에 비해 결코 모자라지 않다. 오히려 쉽고 간단한 이야기 속에 인생의 깊은 진리를 담고 있다는 점에서는 아동용 책이 어른용 책보다 더 뛰어나다. 아동용 책을 읽으면 인생에 도움이 되는 값진 이야기와 교훈을 어른용 책보다 더 많이 얻게 된다. 무엇보다 같은 책을 함께 읽으면 자녀와 부모가 감정을 공유하게 된다. 감정의 공유는 일상의 원활한 소통을 위한 밑바탕이 된다.

방법 4 역할에 충실한 말투를 사용한다

역할토론은 토론이기에 앞서 '역할극'이다. 역할토론은 일종의 연극이다. 연극에서 출연자는 맡은 역할에 충실해야 한다. 역할토론을 할 때는 말투와 표현을 인물들 사이의 관계에 맞게 사용한다. 만약 자녀가 맡은 역할이 선생님이고, 엄마가 맡은 역할이 학생이면 자녀는 선생님 말투를 사용하고, 엄마는 학생 말투를 사용해야 한다. 말투뿐만 아니라 성격이나 사용하는 언어, 몸

짓도 책에 나온 인물처럼 흉내 내는 것이 좋다. 아마 아이가 나이 많은 역할을 맡아서 반말을 하고, 엄마나 아빠가 존댓말을 하는 상황이면 유쾌하고 우스꽝스러운 상황이 종종 발생할 것이다. 그 유쾌하고 재미있는 상황이 토론에 더욱 빠져들게 만든다.

　인물에 대한 이해를 높이려면 중간에 서로 역할을 맞바꾸어서 해 보는 방법을 사용해도 좋다. 예를 들면 자녀가 아모스, 엄마가 바이올렛이 되어 토론을 하다가, 중간쯤에 자녀가 바이올렛이 되고 엄마가 아모스가 되어 토론을 하는 것이다. 역할 바꾸기는 내 생각, 내 처지만이 아니라 타인의 처지와 생각을 이해하는 능력을 키워 준다.

방법 5 '순회 역할 바꾸기'를 통해 토론의 재미를 느껴 본다

　역할은 둘인데 사람은 셋일 때, 아래와 같이 진행하는 토론을 '순회 역할 바꾸기 토론'이라고 한다.

첫 번째 발언자	엄마 ― 아모스 역할을 한다.
두 번째 발언자	자녀 ― 바이올렛 역할을 한다.
세 번째 발언자	아빠 ― 아모스 역할을 한다.
네 번째 발언자	엄마 ― 바이올렛 역할을 한다.
다섯 번째 발언자	자녀 ― 아모스 역할을 한다.
여섯 번째 발언자	아빠 ― 바이올렛 역할을 한다.

⋮

처음 순서에서 엄마는 아모스 역할을 하며 발언을 했다. 반면에 두 번째 발언을 할 때는 바이올렛으로 역할이 바뀐다. 자녀는 처음에 바이올렛이었지만 두 번째는 아모스가 된다. 물론 세 번째는 바이올렛 역할을 다시 한다.

아모스(엄마) – 바이올렛(자녀) – 아모스(아빠) – 바이올렛(엄마) – 아모스(자녀) …….

이렇게 아모스–바이올렛 사이의 논쟁은 계속되지만 그 발언을 하는 사람은 계속 바뀐다. '순회 역할 바꾸기 토론'에서 가장 재미있는 점은 자신이 조금 전에 했던 말을 바로 다음 순서에서 자신이 반박을 하는 것이다. 자기가 말해 놓고, 자신이 반박하는 상황이 웃음을 만들어 내고 생각을 요동치도록 만든다. 직접 해 보면 중간에 재미있는 상황 때문에 웃음보가 터지는 경우가 많을 것이다. 역할토론은 엄마, 아빠, 자녀가 모두 참여할 수 있는 토론이기도 하다. 가족 셋이 모여 역할을 바꿔 가면서 이야기하다 보면 재미와 유익함 때문에 화목한 분위기가 자연스럽게 만들어질 것이다.

방법 6 '그런데'가 아니라 '그리고'를 사용한다

예건이(초4)는 토론할 때 "당신 의견은 틀렸습니다." 하는 말을 입버릇처럼 사용했다. 선생님은 이 말이 매우 거슬렸지만 일단 생각을 열어야 한다는 판단에 따라 처음에는 그대로 두었다. 토론에 어느 정도 익숙해진 뒤에도 이 말은 사라지지 않았다. "틀렸다."는 말은 상대를 자극했고, 가끔씩 언성이 올라가는 원인이 되기도 했다. 선생님은 "예건아, 상대 의견은 틀린 것이 아니라 다른 것이 아닐까? 이제부터는 '당신 의견은 틀렸습니다.'가 아니라 '저는 당신 생각과 다릅니다.' 하고 말해 보는 것이 어떻겠니?" 하고 충고했다.

예건이는 곧바로 선생님의 충고를 받아들였다. 토론할 때 '틀렸습니다'가 아니라 '다릅니다'라는 말을 몇 번 사용한 뒤에 예건이는 이렇게 말했다.

"상대를 존중하는 느낌이 들어요. 싸우고 싶다는 마음이 약해지는 것 같기도 하구요."

맞은편에 앉은 아이도 비슷한 기분이라고 했다.

"틀렸다고 할 때는 기분이 나빴는데 다르다고 하니까 기분이 나쁘지 않아요."

토론할 때 자기 의견이 부정 당하는 느낌이 들면 기분이 좋지 않다. 그런데 토론 과정에서는 무척 쉽게 상대편 의견을 부정하는 표현을 사용한다. 여기서 상대편을 부정하는 표현이란 '그런데', '하지만', '그렇지만' 등이다.

"네 말이 맞기는 해. 하지만……."

분명히 상대방 말을 인정했는데도 접속사 하나 때문에 상대방 의견을 전혀 인정하지 않는 것처럼 느껴진다. '그런데', '하지만', '그렇지만'이라는 접속사가 풍기는 분위기 때문이다. 이러한 접속사는 '당신 의견은 틀립니다'라는 의미와 동일하다. 그렇다면 어떤 접속사를 써야 할까? 그것은 바로 '그리고'라는 접속사다.

'그런데'는 앞의 내용과 다른 방향, 상반되는 내용을 말하고자 할 때 사용한다. '그리고'는 앞부분과 내용이 '병렬적'으로 연결되는 경우에 사용한다. '그리고'는 내 의견도 맞고, 네 의견도 맞을 수 있다는 열린 자세다.

'그런데'를 접속사로 사용한 토론

남편 당신도 고목나무는 옮겨 심으면 죽는다는 거 알잖아. 익숙한 곳에서 계속 살아야 죽지 않는 거야. 그러니 아버지는 익숙한 시골에서 계속 사셔야 해.

아내 익숙한 곳이 좋은 것은 알아요. <u>그런데</u> 지금 아버지는 몸이 안 좋으시잖아요. 건강을 생각해서라도 우리랑 도시에서 사시는 것이 좋아요.

'그리고'를 접속사로 사용한 토론

남편 당신도 고목나무는 옮겨 심으면 죽는다는 거 알잖아. 익숙한 곳에서 계속 살아야 죽지 않는 거야. 그러니 아버지는 익숙한 시골에서 계속 사셔야 해.

아내 익숙한 곳이 좋은 것은 알아요. <u>그리고</u> 지금 아버지는 몸이 안 좋으시잖아요. 건강을 생각해서라도 우리랑 도시에서 사는 것이 좋아요.

'그런데'를 사용한 토론과 '그리고'를 사용한 토론을 견주어보자. '그런데'는 앞 내용을 전면 부정하는 느낌이 들고, '그리고'는 두 의견이 함께 공존할 수 있다는 느낌이 든다. '그리고'라는 말을 들은 상대편 토론자는 자기 의견도 존중받았다는 느낌이 들기 때문에 기분이 나쁘지 않다.

'그러나'와 '틀리다'가 같은 뜻이고, '그리고'와 '다르다'가 같은 뜻이다. 상대 의견은 나와 다를 뿐이므로, 토론에서 사용해야 할 접속사는 '그리고'다. 너는 틀리고, 나는 맞는 것이 아니라 너도 맞고, 나도 맞다. '그리고'는 토론의 핵심 정신이다. 앞으로 자녀와 역할토론을 할 때는 반드시 '그리고'를 사용하라. 이는 상호 존중하는 자세를 가르치는 가장 좋은 방법이다.

옆길로 새는 토론을 즐겨라

아이들과 토론을 하다 보면 토론 주제와 상관없는 이야기가 오가는 경우를 많이 경험한다. 말꼬리 잡는 토론이 이어지면 토론이 강으로 가는지, 산으로 가는지 모를 정도가 된다. 초등학생뿐만 아니라 고등학생들도 '옆길로 새는 토론'을 종종 한다. 다음은 초등학교 4학년 학생들이 '동물들을 동물원에 두는 것은 동물 학대일까?'를 주제로 토론한 내용의 일부다.

"가족들이 보고 싶을 텐데 동물들을 인간이 마음대로 동물원에 데려오는 것은 옳지 않아."

"그러면 가족들을 함께 데려오면 되잖아."

"똑같이 생겼을 텐데 어떻게 알고 데려와? 그리고, 어미가 먹이 구하러 가면 떨어져 있을 텐데."

"다 알 수 있어. 먹이를 구해서 돌아오면 그때 데려오면 되잖아."

"그러면 사촌들은 어떻게 해?"

"친척들도 다 데려오면 되지."

"그러면 큰 우리가 필요할 텐데. 우리를 만들려고 공사를 하게 되면 다른 동물들이 시끄러워서 피해를 보잖아."

"친척들은 가족이 아닌데 왜 데려와?"

이렇듯 주제에 어울리지 않게 옆길로 새는 토론은 정도의 차이는 있지만 처음 토론을 하는 아이들에게서 공통으로 나타난다. 토론에 익숙하지 않은 아이들일수록 옆길로 새는 경우가 많다. '옆길로 새는 토론'을 벌이면 대부분의 선생님들은 토론을 바로잡기 위해 제지한다. 가정에서 토론을 하는 부모들도 마찬가지다. 아이와 어떤 주제로 이야기를 하다가 엉뚱한 쪽으로 빠지면 핵심에서 벗어났다고 지적한다. 그런데 엉뚱하다고 해서 생각이 펼쳐지는 것을 제지하면 긍정적인 효과보다 부정적인 효과가 더 많이 나타난다. "그건 핵심에서 벗어나는 이야기인 것 같은데…….", "그건 조금 엉뚱하다."와 같은 지적을 받은 아이는 자신감을 잃어 버린다. 자신감을 잃어 버리면 말을 제대로 하지 못한다. 끊임없이 자신을 의심하고, 자신의 의견을 적극적으로 말하지도 않는다. 결국 생각하기를 멈춘다. 역할토론을 할 때도 마찬가지다. 아이가 조금 황당하고, 말도 안 되는 이야기를 한다고 해서 "그건 아니다." 하고 지적하거나 "옳은 건 이거야." 하고 제시하면 자녀는 더 이상 부모와 토론하지 않으려고 한다.

앞에서 소개한 '옆길로 새는 토론'을 보자. 핵심에서 벗어나 엉뚱한 이야기로 가고 있기는 하지만 어쨌든 앞 사람의 이야기에서 허점을 발견하고, 어떻게든 설득하고, 자기 논리로 방어하려고 한다. 맥락에서 벗어나고 핵심을 건드리지 못하는 토론일지는 몰라도 '생각하기'는 끊이지 않는다. 처음 토론하는 아이들에게는 그것으로 충분하다. 쉴 새 없이 상황과 조건, 논리에 맞게 생각을 이어 가는 능력을 기르는 것만으로도 엄청난 발전이다.

아이가 옆길로 새면 함께 옆길로 빠져 주자. 옆길로 빠져서 토론하는 재미도 쏠쏠하다. 옆길로 새는 토론을 충분히 즐기면 아이와 더욱 가까워지고, 어린이다운 상상력이 무엇인지 느끼게 된다. 실제로 해 보면 엉뚱한 대화를 나누면서 맛보는 즐거움도 크다. 역할토론은 '즐거운 놀이'다.

핵심 논리를 성급하게 말하지 마라

'인생의 꿈을 꿀 때 이루기 어렵지만 큰 꿈을 꾸는 것이 좋을까? 이루기 쉽고 소박한 작은 꿈을 꾸는 것이 좋을까?'를 주제로 토론을 한 적이 있다. 아이들은 초등학교 5학년답게 토론을 하였다. '꿈이란 모름지기 커야 한다.', '이룰 가능성이 없는 꿈은 꿈이 아니다.', '꼭 이루어야만 꿈은 아니다.', '전혀 가능성 없는 것은 몽상이다.' 등 나름 아이다우면서도 진지한 토론이 이어졌다. 10분 정도 아이들끼리 토론이 이어진 뒤에 학부모들도 토론자로 참여하였다. 그런데 처음 발언하는 학부모가 이런 말을 하였다.

"작은 꿈과 큰 꿈은 생각하기 나름입니다. 모두가 작게 생각하는 꿈도 어떤 사람에게는 큰 꿈일 수 있습니다. 보통 사람은 운동장을 달려 보고 싶다는 것이 작은 꿈에 속하지도 못하지만, 몸이 불편한 장애인에게는 아주 큰 꿈이 될 수 있습니다. 작은 꿈이냐, 큰 꿈이냐는 결국 자기 마음에 달렸습니다. 작은 꿈과 큰 꿈이 아니라 자신에게 정말 소중한 꿈을 꾸는 것이 중요합니다."

그 부모님의 말이 끝나자 갑자기 학생 토론자들이 입을 다물어 버렸다. 아이들은 '크다'와 '작다'를 대립하는 개념으로 생각하고 열심히 토론하였는데, 그 부모님 말씀을 듣고 큰 꿈과 작은 꿈이 반대 개념이 아닐 수도 있다는 점을 알아 버렸기 때문이다. 결국 뜨겁게 이어지던 토론은 흐지부지 마무리되었다. 토론이 끝난 뒤에 선생님은 부모님들과 간담회 시간에 이 문제를 지적했다.

"작은 꿈과 큰 꿈이 아니라 자신에게 소중한 꿈을 꾸는 것이 중요하다는 말씀 정말 잘 들었습니다. 맞는 말입니다. 아이들에게 정말 귀중한 이야기였습니다. 그리고 그 말씀은 조금 성급했습니다."

"그 말이 왜 성급했다는 거죠?"

"아이들은 부모님이 말씀하시는 이야기를 듣고 '아 그렇구나'하고 받아들였습니다. 이는 학교 공부와 다를 바가 없습니다. 그냥 어른이 말하면 '이것이 진리구나.' 하고 무비판적으로 받아들입니다. 그러면 진짜 자기 것이 되지 못합니다. 아까 그 분이 말씀하신 것은 아이들이 치열하게 토론을 해서 얻을 결론 중의 하나였습니다. 그러나 그 결론이 아무리 올바르다 해도 자신들이 토론 끝에 얻은 결론이 아니라 누군가에 의해서 주어진 결론이라면 아이들의 마음에 남지 않습니다. 깨달음과 주입은 차원이 다릅니다. 무엇보다 토론을 치열하게, 오랫동안 벌일 수 있었는데 그 기회가 날아가 버렸습니다."

친구들뿐만 아니라 학부모들과 치열하게 토론하는 경험은 정말 특별하다. 어른들이 말하면 일방적으로 듣기만 하던 위치에서 벗어나 대등하게 어른과 토론을 해 보면 자부심도 생기고 생각도 깊어진다. 위와 아래의 관계를 떠나 한 사람의 인간으로서 대등한 관계를 맺어 봄으로써 특별한 관계를 경험할 수도 있다. 그런데 그 기회를, 한 학부모의 '멋진 말'이 날려버린 것이다.

한 가지 덧붙이자면, 그 학부모가 말한 결론이 유일한 결론도 아니다. 작은 꿈은 자기 개인의 소원과 관계 깊은 꿈이고, 큰 꿈은 나라와 인류, 온 생명에 관한 꿈이라고 한다면 작은 꿈과 큰 꿈은 어느 정도 대립한다. 세상과 인류를 향한 위대한 꿈을 잃어버리고 오직 자기 자신에 관한 꿈만을 추구하는 경향이 강한 요즘 세태를 비판하거나 민족과 인류라는 거대한 꿈에 빠져 개인의 행복을 소홀히 하는 경향을 비판할 수도 있다. 큰 꿈은 이루기 어렵고, 작은 꿈은 금방 이룰 수 있기 때문에 성취할 가능성을 놓고 토론할 수도 있다. 그러나 한 어른이 큰 꿈과 작은 꿈은 서로 대립하는 것이 아니라는 자신만의 결론을 말해 버림으로써 이 모든 가능성이 사라져 버렸다.

아이들과 토론할 때는 부모가 생각하는 핵심 논리를 성급하게 말하면 안 된다. 어른이 생각하는 특정한 방향으로 토론을 이끌려고 해도 안 된다. 물론 중심을 잡아 주는 역할이 필요하기는 하지만, 그것은 자연스럽고 부드럽게 이야기를 하는 과정에서 이루어져야 한다. 토론 과정을 즐겨라. 충분히 즐기고 나서 핵심 논리를 사용하라. 그리고 아이의 대응을 지켜 보라. 토론을 충분히 즐겼다면 그때 마무리하라. 별도의 내용 정리나 평가는 굳이 필요 없다. 토론을 즐긴 것만으로 만족하고 마무리하기 바란다.

 독후감의 4요소

글은 생각을 전달하는 수단이다. 독후감도 생각을 전달하는 수단이다. 독후감의 핵심은 '내가 하고 싶은 이야기'다. 무엇을 말하고 싶은가? 어떤 이야기를 하고 싶은가? 이것이 독후감의 중심이다. 그런데 독후감을 쓰는 학생들이 놓치는 것이 있다. '누구에게 하고 싶은 이야기인가?'다. 글은 내 이야기를 누군가에게 전달하는 수단이다. 따라서 누구에게 하고 싶은 이야기인지 정하고 독후감을 써야 한다. 대상이 누구냐에 따라 글의 내용이나 형식이 완전히 다르다. 독후감을 쓸 때는 실제로 글에 드러나지는 않더라도 누구에게 말하고자 하는지를 분명하게 정해야 한다. 독자를 설정한 뒤에 하고 싶은 이야기를 써야 한다. 아이들이 쓰는 독후감이 뻔하고, 재미없는 경우가 많은 이유는 '독자'가 분명하지 않은 채로 '막연한 이야기'를 해서다. 독후감을 잘 쓰고 싶다면 '누구에게 쓰는 글인가?', '무엇을 말하고자 하는가?'를 확실히 하는 게 좋다

독후감은 읽은(讀) 뒤에(後) 느낌(感)을 적는 글이다. 따라서 반드시 책 내용이 독후감에 드러나야 한다. 또한 내가 누군가에게 하고 싶은 이야기가 잘 드러나야 한다. 하고 싶은 이야기와 깊은 관계가 있는 내용이 어떤 형태로든 들어가야 한다. 그것이 줄거리든, 특별한 사건이나 인물이든, 단 한 줄의 문장이든, 책 속에 그려진 삽화든 상관없다. 자신이

하고 싶은 이야기와 아무런 관계도 없는 줄거리를 나열하는 것은 지면의 낭비다.

글은 내 이야기를 남에게 전달하는 수단이다. 다른 사람 이야기를 다른 사람에게 들려 주는 것은 굳이 내가 할 필요가 없다. 따라서 나의 이야기를 들려 주어야 한다. 나만의 것을 전달해야 한다. 세상에서 오직 나만의 것이 무엇인가? 오직 나만이 들려 줄 수 있는 이야기는 무엇인가? 바로 경험이다. 경험만이 온전히 자신의 것이며, 진실이다. 막연한 생각, 도덕적 의견, 나는 할 수도 없는 공허한 주장이나 충고는 진실보다는 거짓에 가깝다. 진실한 글만이 감동을 준다. 글에는 나의 이야기가 담겨야 한다. 나만의 이야기가 내 글의 힘이다. 독후감의 4요소를 단순 도식으로 정리하면 다음과 같다.

독후감 = 독자 + 중심 생각 + 책 내용 + 경험

여기에 하나 더 추가한다면 '형식'이다. 형식은 독후감의 다섯 번째 요소다. 독특한 형식은 글의 감동을 더해 준다.

낭독, 토론의 출발점 04

자녀와 부모 사이에 가장 평화로운 시간이 언제일까? 어쩌면 책을 읽어주는 시간일지도 모른다. 아이를 품에 안고 부모가 책을 읽어주는 시간에는 평화가 가득하다. 아이 스스로 책을 읽을 때는 책읽기에 정신을 쏟아야 하기 때문에 상상하는 데 한계가 있지만 엄마, 아빠가 읽어 주면 한겨울에 따뜻한 온탕에 몸을 담그듯 글에 푹 젖어들 수 있다. 상상하기에도 훨씬 좋고, 행복하기도 하다.

낭독은 '소리 내어 읽기'다. 낭독의 장점에 관해서는 별도로 책 한 권을 펴내도 될 정도다. 낭독의 장점을 간단하게 정리하면 다음과 같다.

❶ 낭독은 듣는 이뿐만 아니라 읽는 이도 행복하게 만든다.

❷ 시각, 청각, 말하기를 통해 뇌를 풍성하게 자극한다.

❸ 낭독은 기억을 촉진시킨다.

❹ 낭독은 집중력을 높인다.

❺ 낭독에는 감정이 풍성하게 담긴다.

❻ 낭독을 하면 정확한 읽기 능력이 길러진다.

❼ 낭독은 발표력과 표현력을 길러 준다.

이렇게 많은 장점이 있기 때문에 오래 전부터 우리 조상들은 '하늘천, 따지~' 하고 소리 내어 읽으면서 글을 가르쳤다. 낭독의 효과는 오랜 역사를 통해 이미 검증되었다. 따라서 낭독을 역할토론의 출발점으로 삼는 것이 좋다. 역할토론을 할 때 낭독이 출발점으로 자리 잡기 위해서는 다음 세 가지 방식으로 낭독을 결합해야 한다.

첫째, 역할토론을 하기 전에 역할토론을 할 부분을 낭독한다. 이미 책을 읽었다고 하더라도 역할토론이 벌어지는 핵심 상황을 다시 한 번 정확히 읽는다. 실제로 토론을 해 보면 알겠지만 토론 전에 정확히 읽고 토론하는 것과 그냥 상황만 이야기하고 토론하는 것은 엄연히 다르다. 더 깊은 토론을 원한다면 토론하기 전에 낭독을 해야 한다.

둘째, 어떤 상황에 따른 역할토론인지, 역할에 맞는 대화는 무엇인지를 염두에 두면서 낭독한다. 역할토론은 상황과 대화가 중심이다. 낭독을 하면서 상황을 파악하고, 어떤 말을 하는 것이 적절한지 미리 고민하는 것이 좋다.

셋째, 아이 혼자가 아니라 부모와 아이가 번갈아가면서 낭독한다. 아이 혼자 읽으면 아이는 읽고, 부모는 그저 듣기만 하는 위치에 서기 십상이다. 번갈아 읽으면 평가자와 낭독자가 구분되지 않고, 함께 책을 읽는 동반자가 된다. 읽는 기쁨, 듣는 기쁨을 함께 느껴 보자. 낭독 과정은 대등한 토론을 위한 준비 단계다.

TIP 느리게 책읽기

빠르게 책을 읽는 아이들이 꽤 많다. 빠르게 읽으면 많은 책을 빠르게 읽어서 좋을 것 같지만 빠르게 읽기는 장점보다는 단점이 훨씬 많다. 두꺼운 책을 단 몇 분, 몇 십 분 만에 읽어 내는 놀라운 속독 능력을 지닌 아이들이 있다. 그런데 그게 과연 좋을까? 과연 속독을 하면서 주인공의 고민, 슬픔, 아픔을 느낄 수 있을까? 줄거리는 속도로 이해할 수 있지만 감정은 빠르게 읽을수록 느끼지 못한다. 빠르게 읽는 것에 길들여져 정작 책 읽기에서 가장 중요한 '감정 읽기'를 못한다면 책을 제대로 읽은 것이 아니다. 빠르게 읽기는 학교 공부에 좋은 점이 조금 있을지 모르지만 독서에는 나쁜 점이 훨씬 많다. 감정은 줄거리가 아니다. 이성과 논리 판단으로 느낀 감정은 진짜가 아니다. 감정은 '마음의 울림'이다. 빠르게 읽으면 감정이 일어날 틈이 없다. 『몽실언니』(권정생 저)를 10분 내로 읽으면 몽실이 겪는 아픔과 고난 속에서 느껴지는 감정을 어느 틈에 느낄 수 있겠는가? '감정 없는 독서'는 죽은 독서다.

생각이 필요한 책의 경우, 빠르게 읽으면 주입만 남고 판단이 사라진다. 빨리 읽으면 옳고 그름이나 선택의 문제를 나름대로 판단할 기회가 없다. 느리게 읽어야 깊은 생각을 할 수 있다. 『정의란 무엇인가?』(마이클 샌델 저)라는 어려운 책을 읽는다고 가정해 보자. 과연 이 책을 빠르게 읽고, 내용을 모두 이해한다고 해서 책을 제대로 읽은 것일까? 이 책은 한 장 한 장 넘길 때마다 고민을 하고, 생각을 하면서 읽어야 한다. 그런데 이런 책을 그냥 빠르게 읽으면 자기 스스로 생각할 기회가 전혀 없다. '생각 없는 독서'는 죽은 독서다.

빠르게 읽으면 문장의 맛을 느끼기도 어렵다. 문장에는 촉감과 향기가 있다. 음식을 빨리 먹으면 많이 먹기는 하지만 음식 맛을 제대로 느끼지 못한다. 글도 음식과 같아서 천천히 읽어야 문장이 지닌 맛이 진하게 우러난다.

책은 천천히 쉬면서 읽어야 한다. 옛 선인들은 일정한 시간 읽으면 반드시 읽기를 멈추고 내용을 숙고하는 시간을 보내라고 하였다. 드라마는 보통 2시간 이내지만, 그 여운은 일주일을 간다. 드라마나 책이나 마찬가지다. 쉬엄쉬엄, 천천히 읽어야 제대로 읽는다. 책읽기는 자동차 질주가 아니라 '느리게 걷기'다.

역할토론 이후의 토론 **05**

역할토론 형식으로 토론을 하고 나면 다른 토론 형식도 경험하고 싶어진다. 토론하는 거실 문화가 어느 정도 자리 잡았다면 다른 형식의 토론도 충분히 가능하다. 토론은 다양한 형식으로 해 보는 것이 좋다. 역할토론 외에 가정에서 하면 좋은 토론 방식으로는 '철학토론', '시사토론', '역사토론', '일상토론' 등을 들 수 있다.

'철학토론'은 가장 필요한 토론이다. 철학은 삶의 고민이고, 세상의 근원에 대한 모색이다. 너무 어렵다고 생각할지 모르지만 전혀 그렇지 않다. 철학토론이 필요한 이유는 크게 세 가지다.

첫째, 어린이들에게는 철학 토론이 반드시 필요하다. 삶의 근원에 대한 고민은 어린 시절부터 해야 한다. '내가 왜 사는지', '내 삶의 목적이 무엇인지', '나는 왜 존재하는지', '세상은 무엇으로 이루어졌는지', '인간의 본질은 무엇인지' 등을 고민해야 한다. 인간이 인간으로 살아가는 목적과 사명을 깨닫는 것은 태어나서 죽는 순간까지 고민해야 할 문제다. 삶의 본질을 고민하는 삶을 살아야 자기 삶의 주인으로 살 수 있다. 시키는 대로 사는 삶이 아니라 자기 목적하에 사는 삶을 살 수 있다. 어린 시절부터 진지하게 고민하다 보면 삶을 대하는 태도가 바뀐다. 삶을 고민하는 아이들은 삶을 의미 없게 살지 않는다.

둘째, 철학은 어린이들에게 오히려 쉽다. 어린이들이 하는 철학은 어려운 주제가 아니다. '우리는 하늘을 보아야 할까, 땅을 보아야 할까?', '우물 안 개구리를 어떻게 생각하는가?', '판도라의 상자에 희망 말고 무엇이 남았다면 좋았을까?', '내가 하고 싶은 공부는 내가 선택하면 안 될까?', '왜 손가락은 다섯 개일까?', '세상을 구원하기 위해서는 훌륭한 정치가가 되는 것이 나을까, 훌륭한 종교 지도자가 되는 것이 나을까?' 이런 주제는 언뜻 어려워 보이지만 아이들은 순수한 마음으로 접근하기 때문에 더 쉽게 본질에 접근한다. 주변에 있는 아이들에게 물어보라. 의외로 쉽게 이야기를 하는 것을 확인할 수 있을 것이다.

셋째, 철학은 사색하는 힘을 길러 준다. 철학은 정답이 없는 질문이므로 끊임없는 사색, 그것도 깊은 사색을 일으킨다. 깊이 있는 생각을 지속하면 사고력이 깊어진다는 것은 누구나 아는 사실이다. 철학하는 아이들은 진중하고 깊이 있게 행동한다.

철학토론 다음으로 하기 쉬운 토론은 시사토론이다. 우리 사회에는 늘 갈등이 있고, 갈등은 논쟁을 일으킨다. 시사 토론 주제는 정말 무궁무진하고, 늘

새롭다. 세상에 대한 관심을 키우고, 배경지식을 꾸준히 쌓아가기 위해서는 시사 토론을 하는 것이 좋다. 그런데 몇 가지 조심할 것이 있다.

첫째, '시사' 토론은 배경지식이나 사회·문화적인 경험이 충분하지 않을 경우 사회를 왜곡하여 바라볼 가능성이 높다. 단편적인 지식으로 시사 문제에 접근하면 문제의 본질이 아니라 겉만 핥게 된다. 따라서 단편적인 지식으로 섣부르게 판단하지 않도록 주의해야 한다.

둘째, '시사' 이슈 주제는 부정적인 경우가 많기 때문에 사회를 부정적으로 인식하게 될 가능성이 높다. 부정적인 주제는 비판이 중심이 되고, 비판하다 보면 사회 자체를 부정적으로 바라보게 된다. 사회를 부정적으로 바라보게 되면 세상이 싫어지고, 오히려 세상에 대한 관심이 멀어진다. 따라서 부정적인 사회관이 형성되지 않도록 조심해야 한다.

셋째, 어른의 시선이 그대로 아이의 시선이 될 가능성이 높다. 어른들은 각자 자기 생각이 있고, 정치적 견해가 있는데 이것이 여과 없이 전해지다 보면 자녀가 자기 생각이 아니라 부모 관점에서 세상을 바라보게 된다. 시사에서 주입식 교육처럼 나쁜 것은 없다. 자기 스스로 판단할 수 있는 힘을 기를 수 있도록 주의를 기울여야 한다.

역사토론은 가정에서 하기가 매우 어렵다고 생각할 수도 있다. 역사가 워낙 딱딱하기도 하려니와 역사를 주제로 토론하면 한쪽은 묻고, 한쪽은 답하는 식으로 진행되는 경우가 많기 때문이다. 이미 모범답안이 나와 있는 식의 질문과 토론은 '진짜 토론'이 아니다.

역사토론을 가장 잘하는 방법, 토론답게 하는 방법은 동화책과 마찬가지로 역할토론을 하는 것이다. 예를 들어 김춘추가 당나라와 손잡은 것에 대한 평가가 토론의 주제라고 가정해 보자. 그러면 한쪽은 김춘추가 되고, 한쪽은 연개소문이 되어 토론을 한다. 김춘추는 김춘추 처지에서 정당성을 주장할 것이고, 한쪽은 연개소문의 처지에서 김춘추가 당나라와 맺은 '나당연합'의 부당함을 주장할 것이다.

역사적 사실에 대한 역할토론은 역사를 객관적인 눈이 아니라 역사 수행 주체의 눈으로 보게 한다는 점에서 매우 훌륭한 토론법에 속한다. 역사는 자기가 처한 자리에서, 자기 눈으로 볼 수밖에 없다. 해당 역사 상황에서 살았던 인물의 처지와 상황을 이해하게 되면 역사를 더욱 깊이 있게 알 수 있다. 몸으로 깨닫게 되는 것이다. 따라서 역사토론도 역할토론이 적합하다.

토론 중에서 가장 필요하지만 가장 하기 어려운 토론이 '일상생활 토론'이다. 이는 일상에서 벌어지는 다양한 문제, 가족 사이의 문제, 아이의 선택에 관한 문제를 두고 토론을 벌이는 것이다. 토론하는 거실이 궁극적으로 지향하는 토론이 바로 '일상생활 토론'이다. 삶이야말로 가장 현실적인 토론 주제요, 꼭 필요한 토론 주제다. 그렇지만 일상생활 토론은 정말 어렵다. 부모 자식 관계에서 일상생활 토론을 잘할 수 있다면 그보다 좋은 가족 환경이 어디 있겠는가? 열린 마음, 상호 존중과 신뢰, 건강한 인간관계가 없다면 일상생활 토론은 어렵다. 그렇다고 해서 포기할 수는 없다. 쉬운 문제부터 차근차근 풀어 나가다 보면 가능성이 열리리라 믿는다.

시사, 비판이 아니라 애정

'시사'라고 하면 비판을 먼저 떠올린다. 그런데 어릴 때부터 비판에 너무 익숙하면 비판적 사고력이 길러지는 것이 아니라, 사회를 냉소적으로 보는 시각이 자리 잡는다. 시사 교육의 핵심은 비판이 아니라 애정이다. 세상을 따뜻하게 바라보는 눈을 기르는 것이 시사 교육의 출발이어야 한다. 세상을 따뜻한 눈으로 바라보아야만 대안을 제시할 수 있다. 우리가 살아가야 할 세상을 더 좋은 세상으로 바꾸기 위해 노력하는 자세를 갖지 않으면 냉소에 빠져 사회를 더욱 후퇴시킬 수 있다. 시사를 가르치는 것은 세상을 더 좋게 만들기 위해서지 세상을 비꼬거나 비난하기 위함이 아니다. 물론 시험을 잘 보기 위함은 더더욱 아니다.

어떤 부모들은 자녀에게 대안 없는 비판은 하지 말라고 말한다. 그러나 대안 없는 비판을 금지할 이유는 없다. 비판자에게 대안까지 요구하는 것은 지나치며, 이는 비판을 봉쇄하는 억압이다. 대안이 없다고 해서 비판할 자유가 없는 것은 아니다. 문제는 애정 없는 비판이다. 애정 없는 비판은 비난이요, 냉소다. 따뜻한 비판, 더 나은 세상을 향한 비판 정신이 살아 있도록 시사 교육을 해야 한다.

아이들에게 세상의 그늘을 보여 주기 전에 세상의 밝은 빛을 보여 주어야 한다. 아이들에게 보여 준 밝은 빛은 그늘진 이 땅에 나침반이 된다.

2장
글쓰기 식탁

어릴 때 제법 글을 쓰던 아이들이 학교와 학원, 부모님께 글쓰기 지도를 받고 나면 오히려 글을 잘 못 쓴다. 글쓰기를 즐겨하던 아이가 글쓰기를 싫어하게 된다. 학년이 올라갈수록 글쓰기가 중요해지는데 아이들은 학년이 올라갈수록 글쓰기와 멀어진다. 왜 그럴까? 어떻게 해야 글 잘 쓰는 아이로 키울 수 있을까?

세상에서 가장 간단한
글쓰기 지도법 01

대부분의 아이들은 글쓰기를 싫어한다. 서술형·논술형 평가가 50%까지 늘어난다는 뉴스를 접하던 날 사색이 되었던 아이들의 표정이 지금도 눈에 선하다. 그런데 이상하다. 글쓰기가 그렇게 싫다는 아이들이 휴대전화로 문자를 주고받느라 정신이 없고, SNS에는 수많은 글을 남기니 말이다. 어른들은 이보다 더 심하다. 모두 글쓰기를 어려워하고, 싫어한다고 말하면서도 모두들 인터넷에 앞다투어 글을 남긴다.

일반적으로 '아이들은 글쓰기를 싫어한다.'는 생각과 '글을 쓰고 싶은 아이들이 넘치는 인터넷'의 차이는 어떻게 설명할 수 있을까? 답은 바로 '평가'다. 아이들은 '평가가 이루어지는 글쓰기'가 싫은 것이지, '글쓰기' 자체를 싫어하는 것이 아니다. 아이들은 '글쓰기'가 아니라 '평가'를 싫어한다.

평가의 위험성

　꾕장히 똑똑한 여자 아이가 있었는데, 그 아이는 책도 좋아하고, 무엇이든 잘 이해했으며, 토론 능력도 뛰어났다. 특히 글쓰기 솜씨가 뛰어나서 몇 번이나 그 아이의 글을 다른 아이들에게 읽어 주기도 했다. 6학년이 끝날 즈음 특목고반을 나누기 위한 시험을 치렀다. 선생님은 당연히 그 아이가 합격할 것이라고 생각했다. 그런데 안타깝게도 떨어지고 말았다. 평상시 실력을 제대로 발휘했으면 분명히 합격할 아이였는데, 긴장을 해서인지 실수를 많이 한 모양이다. 선생님은 아이에게 전화를 해서 위로했고, 다음 기회도 있으니 그때를 노려 보자고 했다. 그런데 아이가 시험에 떨어지고 받은 충격은 선생님이 생각했던 것보다 훨씬 심각했다.

　일단 수업 시간에 앉아 있는 자세부터 달라졌다. 항상 바른 자세로 책상 위를 가지런하게 정돈하던 아이가 구부정하게 앉고 온갖 잡동사니를 책상 위에 늘어놓았다. 수업 준비도 전혀 해 오지 않았다. 손을 들지도 않을 뿐만 아니라 발표를 시켜도 중얼거리기만 할 뿐 말을 제대로 하지 않았다. 글쓰기도 마찬가지였다. 일단 글을 쓰기 전에 오랫동안 머뭇거렸고, 쓴다고 해도 예전과 같이 톡톡 튀는 생각과 차분한 논리를 제시하지 못했다.

　단 한 번의 평가가 그 아이에게 미친 영향은 치명적이었다. 그 아이에게 한 번의 실패는 자신의 실력과 직결되는 문제였다. 평가에서 실패를 맛 본 순간, 그 아이는 자신의 실력이 형편없다는 결론을 내리고 좌절해 버렸다. 평가 결과와 함께 인간적 존엄성도 같이 무너져 내린 듯했다.

　그런데 정도의 차이는 있지만 평가에 민감하게 반응하는 아이들은 상당히 많다. 아니 대한민국에서 공부하는 학생 중 거의 대다수가 학습 자체보다는 평가에 훨씬 민감하다는 말이 옳을지도 모른다.

머리 스타일에서 발끝까지 완벽하게 꾸미고 다니는 초4 여자아이가 있었다. 외모가 예뻤을 뿐만 아니라 공부도 잘했고, 책도 많이 읽었으며, 말도 잘했다. 그야말로 완벽한 공주(?)였다. 그런데 이 아이에게 딱 하나 단점이 있다면 지나치게 성적에 얽매인다는 것이었다.

한 번은 수학 점수가 제대로 나오지 않자 펑펑 울었다. 수업이고 뭐고 아무런 소용이 없었다. 한동안 풀이 죽어서 다녔다. 일주일 뒤 국어 점수가 발표되자 그 아이는 신이 나서 돌아다녔다. 선생님을 몇 번이나 찾아갔다. 찾아가서 나누는 대화는 똑같았다.

"정말 제가 1등 맞아요?"
"응. 1등 맞아."
"정말이죠? 히히히. 정말 1등이죠?"
"그렇다니까."
"히히히."

당연히 수업 시간에도 활기차고, 뛰어난 능력을 발휘했다. 수학 시험에 울던 아이도, 국어 시험에 웃던 아이도 모두 한 아이였다. 한 아이는 자신을 패배자로 규정했고, 한 아이는 자신을 뛰어난 능력을 지닌 사람으로 규정했다. 한 아이는 자존감이 무너졌고, 한 아이는 자존감이 하늘을 찌를 듯했다. 패자와 승자, 무능력자와 유능력자, 자존감이 무너진 아이와 자존감이 치솟은 아이를 만들어 낸 것은 그 아이 내부에 있는 그 무엇이 아니라 외부에 존재하는 어떤 사람의 평가였다. 그것도 지극히 한계점을 지닌 몇몇 어른이 내린 평가가 그 아이를 패배자로 만들기도 했고, 자존감 높은 행복한 아이를 만들기도 했다. 평가가 아이를 부침개 뒤집듯 뒤바꿔 버린 것이다. 이처럼 평가에 민감한 아이들은 자신의 성공이나 실패 여부에 따라 자신의 능력뿐만 아니라 인간으로서 지니는 가치까지도 좌우된다고 여긴다.

어릴 때부터 반복해서 평가에 길들여진 아이들은 부모나 선생님의 평가에 의해 자신의 능력과 존엄성이 좌우된다고 느낀다. 누군가가 자신을 높게 평가하면 자신은 존귀한 존재가 되지만, 반대로 누군가가 자신을 낮게 평가하면 자신의 존엄성은 같이 떨어진다. 성적이 높게 나오면 능력이 뛰어난 아이가 되고, 성적이 낮게 나오면 능력이 부족한 아이가 된다. 시험은 그저 내가 얼마나 알고 있는지를 측정하는 수단이 아니라, 자신의 인격과 능력을 판가름하는 중요한 잣대가 되어 버린다. 시험에서 실패하면 실패에서 멈추지 않고 스스로 좌절해 버린다. 평가에 민감한 아이들은 배움 자체에서 즐거움을 찾지 못한다. 공부를 하면서도 굉장한 스트레스를 받으며, 평가가 나쁘게 나올 것 같아서 시도 자체도 하지 않는다.

글쓰기도 마찬가지다. 글쓰기 결과에 따라 평가를 받아야 하기 때문에 글쓰기가 즐거울 리 없다. 친구와 하는 놀이보다 공부가 재미있기 위해서는 '새롭게 알아나가는 즐거움'을 깨달아야 한다. 게임이나 만화보다 글쓰기가 재미있기 위해서는 '글을 쓰면서 찾아오는 희열'을 느끼도록 해야 한다. 이는 평가와는 차원이 다르다.

첨삭은 가장 나쁜 평가

한 선생님이 했던 경험이다. 그 선생님은 글쓰기 지도를 할 때 고쳐쓰기를 반드시 시켰다. 단 한 문장이라도 더 나은 표현으로 바꾸어 보라는 뜻에서 부족한 표현, 논리가 부족한 부분에 표시를 했다. ⓐ, ⓑ, ⓒ식으로 제시한 뒤, 부족한 내용을 이야기해 주고 스스로 고치게 했다. 고쳐 쓰는 연습을 자주 하면 글쓰기 능력이 향상되기 때문이다. 그러던 어느 날 한 학생이 간절한 눈빛으로 선생님에게 말했다.

"선생님 ⓐ, ⓑ까지만 하고 ⓒ를 안 쓰면 안 되나요?"
"그냥 고쳐 쓰라는 건데, 왜? 쓰기 싫어서 그래?"
"아니 그게 아니라……."
아이는 망설였다. 선생님이 편하게 말하라고 격려하자 아이가 말했다.
"엄마가 ⓒ는 틀린 것이라고 하면서 한 대씩 때려요."

그 말을 듣고 선생님은 깜짝 놀랐다. ⓐ, ⓑ, ⓒ를 적고 고쳐쓰기를 하면서 스스로 더 나은 표현, 더 나은 논리를 고민해 보라는 뜻이었는데, 그 아이의 엄마는 그것을 '틀렸다'고 생각한 것이다. 다른 공부와 마찬가지로 일정한 개수 이상 틀렸으니 매를 때린 것이다. 상황을 알게 된 선생님은 그 자리에서 ⓒ를 지우고 ⓐ, ⓑ만 표시했고, 옆에다 칭찬을 듬뿍해 주었다. 그리고 얼마 뒤부터 그 학생에게는 아예 고쳐쓰기를 시키지 않았다. 그냥 칭찬만 하고 끝냈다.

"와! 틀린 거 없죠?"

ⓐ, ⓑ, ⓒ가 사라지자 아이가 한 말이다. 그 아이는 뛸듯이 기뻐했다. 지적이 사라지자 글쓰기로 인한 스트레스도 사라졌다. 아이를 위해 했던 첨삭이 아이를 망치고 있었던 것이다.

아이들이 학교나 학원에서 글을 쓰고 나면 어김없이 빨간색 펜을 이용한 첨삭이 이루어진다. 원고지는 단색이 아니라 두 가지 색으로 채워진다. 아이가 원고지를 집에 들고 간다. 그러면 당연하다는 듯 부모님들은 빨간색을 먼저 쳐다본다. 빨간색이 먼저고 검은색이 나중이다. 빨간색은 선생님이 표현한 생각이고, 검은색은 아이가 표현한 생각이다. 글 내용, 아이의 느낌, 아이의 주장, 아이가 제시한 근거, 아이가 쓴 표현이 훨씬 중요한데도 부모는 검은색이 아니라 빨간색에 주목한다. 그리고 빨간색의 내용이 좋으면 좋은 글, 내용이 나쁘면 좋지 않은 글로 받아들인다. 아마도 부모들은 아이 생각보다 선생님의 생각이 훨씬 중요한가 보다.

이런 태도는 아이를 글쓰기에서 멀어지게 한다. 왜냐하면 빨간펜으로 쓴 글은 부정적인 평가, 고쳐야 할 내용이기 때문이다. 빨간펜을 향한 부모의 시선은 곧 글의 부족함에 시선을 집중한다는 뜻이다. 글의 부족함에 집중하는 선생님과 부모를 둔 아이가 글을 열심히 쓰고, 글쓰기를 재미있다고 생각할 가능성은 별로 없다. 첨삭이 많아지면 아이는 자기 글이 무언가 틀렸다고 받아들인다. '역시 난 뭔가 문제가 있어.', '난 글쓰기를 못 해.' 하고 생각한다. 이런 감정이 쌓이면 당연히 글쓰기를 못 하게 된다.

만약 빨간펜 첨삭에 부정적인 반응을 보이지 않는다면 빨간펜으로 첨삭하는 것이 괜찮을까? 그렇지 않다. 그 이유는 다음과 같다. 아이들의 글은 개선할 점이 아주 많다. 부족한 것투성이다. 따라서 지적을 해서 고쳐 주어야 한다고 생각하기 쉽다. 그런데 지도하는 사람이 자기 방식으로 지적을 하다 보면 아이들의 글이 지도하는 사람의 문체, 논리, 주장에 동화되는 경향이 생긴다. 어른이 제시하는 방향이 옳고, 내가 쓴 방향은 틀렸기 때문에 '옳은 방향'으로 글을 바꾸려고 한다. 어른에 꿰맞추는 글쓰기가 쌓이다 보면 마지막에는 창조성이 사라진 죽은 글만 남는다.

첨삭은 글쓰기 싫은 아이를 만든다. 첨삭은 죽은 글을 만든다. 첨삭은 아이들 글을 망치고, 아이들의 생각을 죽인다. 차라리 아이가 쓴 글을 읽고 아무것도 하지 않는 것이 첨삭보다 백배 낫다.

칭찬도 평가

요즘은 예전에 비해 선생님이나 부모들이 빨간펜식 지적이 아니라 칭찬을 많이 한다. 이 점은 참 다행이라고 생각한다. 그런데 칭찬을 한다고 해서 다 좋은 것은 아니다. 아무리 보약이라도 잘못 쓰면 독이 되듯이 칭찬도 때로는 치명적인 독이 되기도 한다.

그림 그리기를 무척 즐기는 아이가 있었다. 몇 시간씩 혼자서 그림을 그리며 놀았다. 즐겨 그릴 뿐만 아니라 그 나이 또래 아이들에 비해 그림도 아주 잘 그렸다. 표현력도 좋고 색감도 뛰어났다. 그래서 부모님은 늘 "참, 그림을 잘 그리는구나!" 하고 칭찬했다. 주위가 지저분해지는 것은 전혀 개의치 않고 바닥에 신문지를 깔아 주고 그림을 마음껏 그리도록 장려했다.

그런데 어느 날부터인가 갑자기 아이가 그림 그리기를 꺼려했다. 예전에는 그만 그리라고 해도 그림만 그리면서 놀더니, 그림을 그릴 자리를 마련해 주고, 미술 도구를 다 갖춰 주어도 그림을 그리지 않으려고 했다. 그림 그리기를 하지 않으려는 기색이 너무나 역력해서 부모는 아이를 붙잡고 물어보았다.

"요즘에는 그림 그리기가 싫은가 보네."

"그림 그리기가 두려워!"

"아니, 싫은 것도 아니고 두려워?"

"엄마, 아빠가 내가 그림 잘 그린다고 자꾸 칭찬하니까 부담스러워서 그래."

"칭찬해주는 게 부담스럽다고?"

"나는 그림을 잘 그릴 때도 있지만, 못 그릴 때도 있어. 그런데 엄마 아빠는 항상 잘 그렸다고 칭찬만 해. 그림을 잘 그리려고 하니까 부담스러워."

그 순간 부모님은 큰 충격을 받았다. "잘한다.", "멋지다." 했던 칭찬은 약이 아니라 독이었던 것이다. 그 뒤로 부모님은 칭찬이 아니라 다른 방식으로 반응했다.

"그림 속에 많은 이야기가 숨어 있구나! 이 그림에 숨어 있는 이야기 좀 해 줄래?"

그러자 아이는 그림 속에 숨어 있는 이야기를 하나둘씩 하기 시작했다.

"응, 여기서 여우가 들어와서…… 이쪽으로 하수도가 나 있는 거야…… 그리고 이쪽은 생쥐들이 사는 방이고……."

아이는 부담 없이 자기 그림 속에 감춰진 이야기를 해 주었다.

"풍경은 연필로 그렸는데 색깔은 전체적으로 빨간색만 있네. 왜 이렇게 그렸을까?"

"저녁이야. 노을이 지고 있어서 건물들은 형체만 보이고, 온 세상이 노을로 물들고 있어."

"야! 참 독특한 생각이다."

부모님은 "잘했다.", "멋지다."는 칭찬을 하지 않고, 그림을 보고 나서 떠오른 느낌을 말해 주기만 했다. 그것으로 충분했다. 아이는 더 이상 부담을 느끼지 않았고, 그림 그리는 즐거움을 되찾았다. 그렇다면 칭찬은 왜 독이 되었을까?

한 아이가 축구를 하다가 골을 넣었다고 가정해 보자. 선생님이나 부모가 이렇게 칭찬한다.

"야! 너 마치 축구 선수처럼 잘 넣는 걸!"

그러면 아이는 어떤 생각을 할까? 자신이 정말 축구 선수처럼 잘한다고 생각할까? 정말 잘한다고 생각할 수도 있지만 스스로가 축구 선수 정도로 축구를 잘한다고 생각하지 않을 경우에는 문제가 생긴다.

'난 그렇게 잘하지 못하는데……. 내가 다음에 골을 넣지 못하면 실망할 거야. 부담스러워.'

가령 어떤 학생이 숙제를 잘해 왔다고 가정해 보자. 선생님이 다음과 같이 칭찬을 한다.

"정말 숙제를 잘했구나. 내용도 충실하고."

그 순간은 기분이 꽤 좋을 것이다. 하지만 다음 번에 숙제를 하려고 하면 어떨까? 전처럼 잘해야 한다는 부담이 생기지 않을까? 나중에 숙제를 했을 때 그전처럼 잘하지 못했다고 스스로 판단하면 굉장히 힘들어지지 않을까?

'이번에는 숙제를 잘하지 못했어. 선생님이 실망하실 거야. 어떻게 하지?'

이처럼 "잘했다.", "착하다."는 말은 결코 아이들에게 긍정적인 피드백을 주지 못한다. 영원히, 계속 잘해야 한다는 생각은 정말 부담스럽다. 실수나 부족을 받아들일 여유가 없는 아이가 받는 부담은 상상 이상이다. 칭찬으로 만족감을 느끼는 데 익숙한 아이들은 자기 스스로 공부하고, 성취하는 것이 중요하지 않다. 누군가가 "잘했다.", "착하다.", "멋지다." 해 주어야 자신이 '잘하고,

착하고, 멋진' 아이가 된다고 생각한다. 평가에 민감한 아이는 이렇게 탄생한다.

    글쓰기에서도 마찬가지다. 아이들 글을 읽고 칭찬을 하라고 하면 부모님이나 선생님들은 대부분 "참 잘 썼다.", "논리적이다.", "창의적이다.", "구성이 참 좋다.", "예를 잘 들었다." 등과 같이 말한다. 모두 칭찬이다. 그리고 모두 철저한 '평가'다. 모두 어른이 평가하는 위치에 서서 아이를 내려다보는 것이다. 다만 좋은 평가를 담은 말이라는 점이 지적(첨삭)과 다를 뿐이다. 지적이나 칭찬이나 모두 평가자의 시선이다. 평가를 받는 사람은 그 평가가 긍정적일 경우 기분이 좋기는 하지만, 어쨌든 평가를 받는 것은 마냥 유쾌한 일만은 아니다. 설사 유쾌할지라도 계속해서 평가가 좋게 나올 거라고 확신할 수 없기 때문에 나중을 생각하면 부담스럽다. 부담스러우면 글쓰기가 힘들고, 힘들면 싫어지고, 싫어하면 잘하지 못한다.

    칭찬은 무엇보다 평가자를 의식하는 글을 만든다. 모두 아는 바와 같이 많은 아이들이 글을 마무리하는 부분에 좋은 이야기, 도덕적으로 옳은 문장을 덧붙인다. "거짓말을 하면 안 된다.", "남을 도와야 한다.", "열심히 노력하며 살아야 한다." 등 너무나 뻔하고 참신하지도 않은 말들로 마무리한다. 이유는 간단하다. 선생님이나 부모님이 그런 말을 원하기 때문이다. 마무리 부분뿐만 아니다. 글 안에는 선생님과 부모님 눈치를 보면서 쓴 내용들이 많다. 모두 칭찬을 받기 위해서다. 선생님이나 부모님의 생각을 그저 베껴서는 창조적인 글이 나오지 않는다. 자신만의 논리, 자신만의 표현이 나오지 않는다. 그저 누군가가 옳다고 하는 생각이나 논리, 표현만 복사되어 나올 뿐이다. 아이들은 모두 개성을 지녔다. 읽은 책이 다르고, 경험한 삶이 다르다. 만난 친구가 다르고, 부모님이 다르다. 다름은 개성을 만들고, 개성이 다른 아이들이 다른 글을 쓰는 것은 당연하다. 글에는 개성이 담겨야 한다. 자신만의 느낌과 경험에 충실하며, 자신만의 독창적인 장점이 살아나야 한다.

칭찬은 칭찬하는 사람의 구미에 맞는 글만 쓰게 만든다. 칭찬이 글을 망치는 이유는 바로 이 때문이다. 물론 격려는 필요하다. 그러나 칭찬하지 않고도 격려는 얼마든지 가능하며, 칭찬하지 않는 격려가 진짜 격려다.

가장 훌륭한 글쓰기 지도 교사는 따뜻한 독자

진수는 저소득 가정을 위한 방과 후 학교에 다니는 초등학교 학생이다. 진수는 평소에 까불기만 할 뿐, 글은 잘 쓰지 못했다. 그런 진수가 어느 날 강아지를 주제로 시를 썼다.

> 강아지는 귀엽다.
> 하지만 강아지가 싫을 때도 있지.
> 아무리 아무리 강아지가 싫어도
> 강아지와 같이 놀면 강아지를 미워할 순 없다.
> 강아지는 말이 없지만 마음속에서는 강아지와 내가 얘기하는 것 같다.

시를 읽은 선생님은 진수에게 "강아지와 내가 얘기를 한다는 표현이 참 따뜻하다."고 말해 주었다. 한 편 더 써 보라는 권유를 했더니 곧바로 진수는 시 한 편을 써서 들고 왔다.

✂ 겨울나무 아래

강아지 한 마리.

내가 데려가고 싶지만

엄마 아빠 때문에

데리고 못 간다.

나는 좋은 주인 만나 잘 살라고 마음속으로 말했다.

두 번째 시를 읽고 선생님은 진수에게 "마지막 행에서 강아지를 아끼지만 겉으로 드러내지 못하는 마음이 너무 절묘하다."면서 "표현이 선생님 마음에 쏙 든다."고 말해 주었다. 진수는 매우 기뻐했다. 그 뒤부터 진수는 자신이 쓴 시를 늘 자랑했다. 그리고 글쓰기를 시키면 가장 열심히 쓰는 아이가 되었다. 글쓰기를 싫어하는 아이에서 글쓰기를 즐기는 아이로 탈바꿈한 것이다.

진수가 쓴 시가 정말 뛰어난 시일까? 그건 모른다. 그리고 그것은 그리 중요하지 않다. 진수의 시를 읽으면서 진수의 따뜻한 마음을 느껴 행복했고, 진수가 쓴 표현이 정말 마음에 들었다. 선생님은 그 순간 진수의 글을 성실하게 읽은 한 사람의 '독자'였을 뿐 그 어떤 '평가자'도 아니었다. 자신이 쓴 글을 읽은 독자의 따뜻한 반응을 접한 진수는 너무나 기뻐하고, 뿌듯해 했다. 더 이상 어떤 글쓰기 지도가 필요할까?

글쓰기는 괴롭지 않다. 글쓰기는 즐거운 자기표현 행위다. 글쓰기가 힘들고 지겹다고 말하는 것은 자기표현이 괴롭고, 힘들다고 말하는 것과 같다. 원래 모든 자기표현은 즐겁고 상쾌하다. 다만 자기표현을 했을 때 주위, 즉 독자에게서 받은 피드백이 따뜻한지, 차가운지에 의해 전혀 다른 신념이 형성되었을 뿐이다. 차가운 피드백을 많이 받은 사람은 자기표현을 망설이고, 자기표현을 괴로운 일로 받아들인다. 반면에 따뜻한 독자의 피드백을 많이 받은 사람은 자기표현을 기꺼이 즐기고, 자기표현을 하면 할수록 즐거움을 만끽한다.

글쓰기는 자기표현 행위다. 말은 한 번 듣고 사라지지만 글은 계속 남아서 자신을 드러낸다. 글은 말보다 훨씬 강렬하게 자신을 드러내는 표현 수단이다. 자신의 가치를 입증하는 표현 수단이 기쁘지 않다면 그 무엇이 사람을 기쁘게 하겠는가?

초등학교 5학년인 영수가 글을 썼다. 전쟁과는 별 상관없는 글인데도 글의 근거를 6·25에서 끌어와 제법 자세하게 설명했다. 문장이 깔끔하거나 제시한 설명이 정확한 것도 아니었지만 자신이 알고 있는 역사 지식을 총동원하여 꼼꼼하게 쓴 성의가 가상했다. 선생님은 느낀 대로 이야기했다.

"다른 학생들은 찾지 못한 근거를 역사적인 상황까지 곁들여 제시했구나. 이 글을 보고 네가 역사에 관한 책을 아주 많이 읽었다는 사실을 알았어. 앞으로도 글을 쓸 때는 오늘처럼 책에서 읽은 내용을 적절히 활용하면 좋을 거야."

선생님의 말을 들은 아이는 신이 났다. 교실을 나가는 아이 얼굴에는 웃음이 가득했다. 영수는 한 달 뒤에 시작하는 역사논술 과정을 미리부터 열심히 준비했고, 열성을 다해 수업에 임했다. 따뜻한 시선을 담은 한 마디가 아이의 관심 분야를 넓히고, 공부에 대한 열의를 불태우게 만들었던 것이다.

다음은 재영(초5)이가 쓴 글이다. 글의 주제는 '남녀차별'인데, 어른들 생각과 다르게 남자가 더 차별받고 있다고 주장한다.

✂ 남자와 여자를 차별하는 것은 정말 나쁘다. 우리 반 담임선생님은 여자는 약하니까 잘 봐 주고 남자 애들은 혼을 내신다. 언제는 우리 반 삼총사 여자애들이 어떤 남자애를 괴롭혔는데, 선생님은 혼을 많이 내지 않으셨다. 그리고 체육 선생님은 피구 시간에 남자

애들은 힘이 세다는 이유로 공을 못 던지게 하셨다. 나는 정말 화가 났다. 우리는 동등한데 이렇게 차별하는 것은 잘못이다. 아무래도 선생님들은 옛날 일은 다 잊으신 것 같다. 남자 선생님이면 지금 남자애들의 원한이 있을 것이다. 그리고 여자선생님이면 또 그만큼의 원한이 있을 것이다. 우리 선생님은 여자애들은 상처를 많이 받고 남자애들은 그렇지 않다고 하셨다. 난 그 이야기를 듣고 기분이 많이 상했다. 제발 선생님들이 남녀 차별을 안 하시면 좋겠다.

이 글을 읽고 구성이 어떠하니, 표현이 어떠하니, 근거가 어떠하니 해야 할까? 아니다. 이런 평가는 필요 없다. 칭찬이든, 첨삭이든 다 필요 없다. 중요한 것은 학교에서 남자가 차별받고 있다는 주장 그 자체에 귀를 기울이는 독자로서의 자세다. 재영이는 억울하다. 남자가 여자보다 더 차별받는 상황은 정말 옳지 않다고 주장한다. 글을 읽은 사람은 글쓴이가 호소하는 억울함에 공감하며, 억울한 사연들을 더 많이 풀어 낼 수 있도록 기회를 제공해야 한다. 그것으로 충분하다.

오늘은 점핑볼이 왔다. 그에 대해 이야기를 하겠다. 먼저 아빠가 점핑볼을 타셨다. 하지만 아빠는 중심을 못잡아 미끄러지셨다. 아참, 그 전에 점핑볼에 바람을 넣은 이야기를 해야지. 아빠는 점핑볼에 설명서를 보셨다. 하지만 설명서는 복잡했고, 바람 넣기도 힘들었다. 점핑볼은 생각보다 바람이 더 많이 필요했다. 이제 아까 하던 이야기를 마저 하죠. 다음으로 엄마가 탔다. 그런데 엄마는 그만 엉덩방아를 찧었다. 엄마는 알고 보니 똥침을 마진 것이었다.

이 글을 읽고 철자법이 어떠니 구성이 어떠니 해야 할까? 재미있는 글을 읽고 평가를 하고 첨삭을 해야 할까! 재미난 글을 읽으면 웃음이 자연스럽게 나온다. 글을 만나서 즐거우면 즐거움을 표현하고, 즐거움을 함께 나누어야 한다. 그 이상은 필요 없다.

✂ **두부집의 비지 맛있게 먹기 - 두부찌개 이용 편**

두부집에 가서 두부찌개를 먹었다. 비지 맛있게 먹기 시작. 먼저 비지 하나, 그릇, 두부찌개, 공기밥을 시킨다. 그릇에 비지를 동그랗게 테두리를 만들어 두른다. 가운데 부분에 밥을 넣는다. 그리고 두부 몇 개를 올려놓은 다음 국물을 넣는다. 맛은 보장한다. 밥 한 공기는 뚝딱이다.

아이가 쓴 '두부집의 비지 맛있게 먹기 편'을 읽고, 아빠는 먹고 싶은 마음을 참을 수 없었다. 그래서 함께 그 두부집에 가서 아이가 글로 쓴 대로 먹었다.

"정말 밥 한 공기 뚝딱이네."
"그치? 아빠!"

맛집을 소개하는 책을 읽고 그 맛집을 찾아가서 먹었더니 정말 맛있었다는 독자의 소감이 있다고 가정해 보자. 이 책을 쓴 필자는 얼마나 기쁠까? 그 필자는 맛집을 제대로 소개했다면서 자부심을 느끼고, 글을 쓴 행복을 만끽할 것이다. 아이는 저자가 되어 맛있게 음식 먹는 법을 소개했고, 아빠는 독자가 되어 솔직하게 말했다. 아이는 아빠의 반응에 너무나 뿌듯해 했고, 글 쓰는 재미를 느꼈다. 이것이 글쓰기 지도다.

가장 큰 애정으로 아이 글을 대할 수 있는 사람은 누구일까? 가장 따뜻한 마음으로 아이의 마음을 읽어 줄 수 있는 사람은 누구일까? 바로 부모다. 그래서 최고의 글쓰기 지도교사가 될 수 있는 사람은 문필가, 기자, 교수, 독서 지도사, 학교 선생님 등의 전문가가 아니라, 바로 부모다. 부모보다 아이를 애정과 사랑으로 대할 수 있는 사람은 세상에 없다.

 청개구리 법칙, 금지하면 더 한다

『키다리아저씨』(진 웹스터 저)에서 줄리는 '어릴 때 두꺼비를 모았는데 지금은 두꺼비를 모으지 않는다. 그 이유는 단 하나, 그것을 금지하는 규율이 없기 때문'이라고 말한다. 기숙사에서 10시 이전에 자라는 규칙이 있을 때는 어떻게든 늦게까지 자려고 시도했는데, 일찍 자야 한다는 규칙이 사라지자 오히려 초저녁부터 꾸벅꾸벅 졸린다고 투덜거린다.

줄리는 청개구리 법칙에 빠졌다. 죽는 순간에 이르러서야 청개구리 어머니는 청개구리를 바른 길로 인도하는 방법을 깨닫는다. 그러나 때는 늦었다. 뒤늦은 깨달음은 오히려 엉뚱한 결과를 빚었고, 그로 인해 지금까지 청개구리는 비오는 날마다 운다.

아이가 싫어하는 무언가를 스스로 하게 만들려면 금지해 보라. 규율을 반대로 만들어 보라. 그러면 한다. 잠시 동안은 정말 마음에 안 들지도 모르지만 어느 정도 시간이 지나 금지를 어기는 매력이 사라지면 스스로 자기 자리로 돌아온다. 책을 금지하면 책을 죽어라 읽으려 한다. 글을 쓰면 혼을 내 보자. 그러면 어떻게든 몰래몰래 글을 쓰려고 한다. 공부를 스스로 하게 하려면 공부를 못하게 해 보자. 공부를 하면 야단을 쳐 보자. 그럼 죽어라 공부를 하려고 한다.

무언가를 하라고 자꾸 시키면 안 하고 싶다. 공부하라고 하면 안 하고 싶고, 빨리 자라고 하면 안 자고 싶고, 씻으라고 하면 안 씻고 싶다. 희한하게도 그렇다. 잔소리에 꿈쩍도 안 한다면 청개구리 법칙을 써 보자.

청개구리식 규율을 만들고 엄격히 통제해 보자(수수방관하라는 것이 아니다.). 그럼 원하는 결과를 얻을 것이다. 금지는 자유에 대한 욕망을 불러일으킨다. 자유는 인간의 본성이다.

02 글 못 쓰는 아이, 글 잘 쓰는 아이

"경로효친을 주제로, 비유법을 반드시 사용하고, 2,000자를 쓰래요. 그것도 한 시간밖에 안 주고요. 2,000자 채우느라 정말 애먹었어요. 무엇을 썼는지 기억도 안 나요."

학교 수업 시간에 글을 썼는데 정말 짜증났다면서 현지가 투덜거렸다. 현지는 글쓰기를 두려워하거나 싫어하는 학생이 아니다. 재미있고 자신 있게 글을 쓴다. 자기 마음에도 없는 내용을 딱딱한 형식을 갖추어 감당하기 힘든 분량의 글을 일정 시간 안에 쓰라고 하니 글을 잘 쓰는 현지도 글쓰기에 질려 버린 것이다.

"그런 글쓰기는 정말 싫어요. 우리가 기계도 아니고."

마음에 없는 내용, 평소에 생각해 보지도 않은 내용을 주제로 글을 쓰는 것은 정말 고역이다. 그것은 어른이나 아이나 마찬가지다. 만약 군대의 인권 문제에 대해서 부모들에게 글을 쓰라는 과제가 주어졌는데, 한 부모의 슬하에는 딸만 있고, 한 부모는 아들이 지금 군대에 가야 하는 처지라고 가정해 보자. 딸만 키우는 부모에게 군대의 인권 문제를 주제로 글을 쓰라고 하면 무엇을, 어떻게 써야 할지 막막할 것이다. 슬하에 딸만 있더라도 군대를 갔다 온 아빠라면 조금 쓰기는 하겠지만, 오래 전 일이기 때문에 이 역시 쉽지는 않을 것이다. 반면에 아들을 군대에 보내야 하는 부모는 다르다. 만약 자신의 의견이 받아들여지기만 한다면 원고지 열 장이 아니라, 스무 장을 숨도 안 쉬고 쓸 것이다. 글쓰기 재주가 있고, 없고는 아무런 상관이 없다. 중요한 것은 '필요'와 '열망'이다.

많은 사람들이 글을 잘 쓰는 아이는 따로 있고, 글을 못 쓰는 아이도 따로 있다고 생각한다. 물론 탁월한 글쓰기 실력을 갖춘 아이는 있다. 그러나 세상에 글을 못 쓰는 아이는 거의 없다. 다만 아이들이 쓰기 싫은 글이 존재할 뿐이다. 글 잘 쓰는 아이로 만드는 방법은 간단한다. 쓰고 싶은 글을 마음껏 쓰게 하면 된다.

원칙 1   억지 주제와 틀에 갇힌 형식을 제시하지 마라

어떤 주제로 글을 쓰느냐에 따라 글을 잘 쓰는 사람이 되기도 하고, 글을 정말 못 쓰는 사람이 되기도 한다. 아무리 글을 잘 쓰는 정치부 신문 기자라도, 문화 관련 기사를 쓰라고 하면 글을 제대로 쓰기 어려울 것이다. 글 쓰는 전문가도 이러한데, 평범한 학생들은 오죽할까?

아이들에게 주어진 주제들은 평소에 아이들이 별로 관심을 두지 않는 내용이 많다. 독후감도 마찬가지다. 책을 읽고 나서 별로 쓰고 싶은 내용도 없다. 그런데 글을 쓰라고 한다. 한 번도 제대로 고민해 보지 않은 주제로 글을 쓰라고 하니 억지로 필기구를 놀릴 뿐 진심으로 쓰지 못한다. '내가 이런 글을 왜 쓰고 있지?' 하는 생각만 든다. 부모님들은 저학년 때 정말 재미있는 일기를 쓰던 아이가 초등학교 고학년이나 중학생이 되면서 내용도 재미없어지고, 뻔한 글을 쓰는 것을 경험한 적 있을 것이다. 잘 쓴 일기와 뻔한 글 사이의 차이는 단 하나뿐이다. 자신이 쓰고 싶은 글을 쓰느냐, 아니면 억지 글을 쓰느냐. 억지 글에 계속 노출된 아이는 글쓰기를 싫어하고, 결국 글의 수준도 떨어진다.

긴 논술문을 쓰는 시간이었다. 예진이는 글쓰기가 죽기보다 싫다고 했다. 평소에 토론을 너무도 잘했던 아이라서 무척 당황했다. 알고 보니 예전에 했던 글쓰기 수업이 원인이었다. 예진이는 글 쓰는 방법, 기교, 주제에 따른 글의 방향까지 지도해 주는 교육을 끊임없이 반복해서 받았다. 아무리 성격이 좋은 사람도 그런 글쓰기 교육을 받으면 글쓰기를 좋아할 리 없다.

"선생님 글 쓰지 말아요. 원고지 다섯 장이라니…… 헉! 저한테 이건 고문이라고요."

"그렇게 쓰기 싫어?"

"네, 주제도 재미없고, 다섯 장도 너무 많고."

"그래……. 그럼 혹시 너 마음대로 쓰고 싶은 주제로 쓰라고 하면 쓸래?"

"글쎄요. 음~ 학교에 대한 불만, 학교 선생님에게 하고 싶은 말을 쓰라고 하면 재미있으려나?"

"좋아! 그럼 학교와 학교 선생님에 대한 불만을 쓰고 싶은 대로 써봐. 형식에 얽매이지 말고, 분량도 너 쓰고 싶은 만큼 써."

선생님의 말을 듣고 예진이가 글을 썼다. 다섯 장이 고문이라고 말하던 아이가 원고지 아홉 장을 채웠다. 조금 전까지 글쓰기 싫다고 말한 아이라고는 믿기지 않았다. 글을 다 쓴 뒤 예진이의 표정은 너무 밝았다. 다듬어지지 않은 글이었지만 예진이 생각이 무엇인지 뚜렷하게 알 수 있었다. 학교에 대한 불만과 불만이 생긴 원인은 무엇인지 자세히 설명한 뒤, 학교가 어떻게 바뀌면 좋을지 대안까지 제시했다. 훌륭한 글이었다. 아이들을 글 못 쓰는 아이로 만드는 것은 '억지 주제'다. '억지 주제'로 글을 쓰는 아이는 글 못 쓰는 아이가 되고, '쓰고 싶은 주제'로 글을 쓰는 아이는 글 잘 쓰는 아이가 된다.

원칙 2) 쓰고 싶은 글을 마음껏 쓰게 하라

『섬진강 이야기』(김용택 저)라는 책을 읽어 보면 김용택 선생님이 아이들에게 특별히 글쓰기를 가르치는 장면이 없다. 다만 보고, 느끼고, 경험하게 한다. 너무나 단순한데도 아이들은 저절로 뛰어난 글을 쓴다. 초등학교 저학년 학생들이 웬만한 어른들도 흉내 낼 수 없는 글을 쓴다. 풍부하게 보고, 느끼고, 경험했기 때문이다. 글쓰기가 어려운 이유는 '무슨 글'을 써야 할지 확실하지 않고, 쓸 내용이 없으며, 생각이 부족하기 때문이지, 글쓰기 기교가 부족하거나, 문장력이 부족하거나, 표현력이 부족해서가 아니다. 쓰고 싶은 내용이 많으면 글은 쉽게 쓸 수 있다. 표현과 형식을 가다듬는 과정은 필요하지만 중요하거나 어려운 일이 아니다.

✂ 오빠는 자기 하고 싶은 대로 한다.

그러면서 나보고는 뭐라고 한다.

자기가 잘못했으면서 나한테 떠넘기는 오빠가 참 싫다.

어떻게 보면 꼭 이중인격자인 것 같다.

그런데도 오빠라고…….

오빠는 남의 마음을 헤아릴 줄 모르는 사람이다.

나는 그런 오빠에게 뭐라고 하고 싶지만

엄마와 아빠 때문에 뭐라고 하지 못한다.

난 오빠 때문에 너무 속상하다.

가끔은 오빠가 이 세상에 없으면 좋겠다는 못된 생각도 한다.

오빠가 밉다.

한 초등학생이 쓴 글이다. 아이의 아픈 마음, 속 깊은 진심이 담긴 좋은 글이다. 형제가 있는 아이들에게는 누구나 이런 마음이 있을 수 있다. 그러나 안타깝게도 이 아이 이름은 밝힐 수 없다. 밝히면 부모가 싫어할 테니까. 이런 글은 쓰면 안 된다고 야단맞을 테니까.

아이들은 다음에 소개하는 글처럼 엉뚱한 상상을 표현하려는 욕구도 있다.

학교에서 난 아이들과 칼날리아라는 놀이를 하고 있었다. 한마디로 칼싸움이다. 그런데 칼날리아 놀이를 하다가 어떤 아이가 다쳤다.

선생님이 들어오셔서 말씀하셨다.

"야, 너, 나와."

날 부르는 거였다. 선생님은 나를 혼냈다.

"선생님이 이런 거 하지 말라고 했지."

난 대꾸했다.

"왜 저만 혼내시죠? 저만 했나요? 정말 차별이 심한 선생님이군요."

선생님은 "뭐라고? 너희 엄마 전화번호가 뭐야?"

난 이렇게 말했다.

"아니 왜 개인 정보를 물으시죠? 개인 정보는 보호해야 하는 거 아시죠?"

선생님은 화를 내더니 회초리를 집어 들었다.

"선생님, 선생님은 학생들을 가르쳐야지 학생들을 때리면 안 되죠. 선생님의 본분은 교육이지, 폭력이 아닙니다."

선생님은 나에게 회초리를 내리치려고 하셨다.

"선생님이 저를 회초리로 때리시면 저도 법적으로 대항할 것입니다. 아동학대죄로 고발할 거예요. 괜히 경찰서에 가기 싫으시면 회초리 내려놓으시죠."

난 그렇게 말하며 핸드폰을 들었다.

선생님은 어이가 없는지 회초리를 던져 버리고 날 혼내시는 것을 포기하셨다.

어떤 아이가 '말대꾸'라는 주제로 재미있게 쓴 글이다. 실제로는 불가능하지만 상상 속에서라도 이런 상황이면 어떨까 하는 생각으로 쓴 글이다. 이 글을 쓴 아이는 이런 글을 부모님이나 선생님이 보면 화를 내신다고 하면서 익명으로 해 달라고 했다. 그런데 이런 글을 쓰면 왜 야단을 맞아야 할까? 자기를 마음껏 표현했고, 즐거우면 그만 아닐까? 더욱이 다른 사람에게 피해를 주는 글도 아니다. 선생님이 즐거워하자 이 글을 쓴 학생은 비슷한 주제로 연작을 썼다. 아이는 쓰면서 웃고, 독자인 선생님은 읽으면서 웃었다. 둘 다 어찌나 웃었든지 배꼽이 달아나는 줄 알았다. 물론 이런 글이 따뜻하지는 않다. 썩 권장할 만한 글도 아니다. 하지만 아이는 평상시 억울했던 느낌을 글을 통해 풀어냈다. 억울함이 풀어진 아이는 훨씬 기분이 좋아졌고, 마음에 받았던 상처까지 치유했다. 글쓰기가 참으로 유쾌하고 재미있는 일이라는 점을 충분히 느꼈다. 그러면 충분하지 않은가? 글쓰기를 통해 즐겁고, 마음의 상처가 아물 수 있다면 그걸로 족하지 않을까?

아이들에게 표현의 자유를 돌려 주어야 한다. 대한민국 헌법은 자기 양심에 따라 표현할 수 있는 자유를 보장한다. 표현을 억압하는 순간 민주주의도, 인간의 존엄성도 사라진다. 아이들도 예외가 아니다.

원칙 3　잘 쓰는 종류의 글을 자꾸 쓰게 하라

지은이는 초등학교 3학년 때 전국 글쓰기 대회에 나가서 대통령상을 받았다. 초등학생뿐만 아니라 중학생, 고등학생 전체를 대상으로 한 글쓰기 대회에서 초등학교 3학년이 대통령상을 받은 것이다. 시상 내역을 살펴보니 참가자 중에는 특목고 학생들도 상당히 많았다. 겨우 초등학교 3학년이 특목고에 다니는 쟁쟁한 실력자들을 모두 물리치고, 대통령상을 거머쥐었다. 놀랄 일이다. 지은이는 어떻게 해서 대통령상을 수상할 수 있었을까?

"모두 비슷비슷한 글 뿐이었는데, 지은이 글은 정말 재미있고 독특했습니다."

지은이 어머님이 심사위원에게 전해들은 이야기다. 그럼 어떻게 해서 지은이는 재미있고 독특한 글을 쓸 수 있었을까? 그 이전까지 지은이는 글쓰기를 좋아하는 아이이기는 했지만 특별히 글을 잘 쓰는 아이는 아니었다. 여러 글쓰기 대회를 나갔지만 상을 받지 못했다. 그러던 어느 날 지은이 글을 읽고 선생님이 이런 말을 해 주었다.

"지은이는 이야기를 참 재미있게 꾸미는 능력이 있구나. 앞으로 자주 재미있는 이야기를 써 보는 것이 어떨까?"

선생님의 말을 들은 지은이는 그때부터 이야기를 꾸며 써 보기 시작했다. 책을 읽고 쓰기도 하고, 자신이 직접 지어 보기도 했다. 정말 즐겁게 썼다. 즐거운 기분으로 글을 쓰니 읽는 사람이 배꼽잡고 웃는 이야기, 창의적인 이야기들이 줄줄이 나왔다. 부모님도 지은이 글을 즐겁게 읽어 주는 독자가 되어 주었다. 글쓰기 대회에 나가서도 지은이는 평소에 쓰던 그대로 글을 썼다. 다른 아이들은 주어진 3시간을 꼬박 채워서 썼는데 지은이는 30분 만에 쓰고 나왔다고 한다. 평소 쓰던 습관 그대로 쓴 셈이다. 그리고 대통령상을 받았다. '프롤로그'에서 소개했듯이 그 뒤로도 지은이는 여러 대회에서 상을 받았고, 전국대회 최우수상을 받기도 했다. 한 번 길이 열리면 거침이 없는 법이다.

✂ 우주에는 어떤 생물들이 살고 있을까? 나는 우주에는 분명이 외계인이 있을 것 같다. 만약에 지구에 없는 생물이 우주에서 발견된다면 어떤 느낌이 들까? 트랜스포머나 찰리, 유리엘리베이터에 나오는 왕꿈틀이처럼 생겼을까? 나는 한 번 외계인을 보고 싶다. 진짜!

초등학교 6학년인 신이가 쓴 글이다. 이 글만 보면 신이는 글쓰기 실력이 별로다. 창의력도 보이지 않고, 글을 길게 쓰는 힘도 부족하며, 독창성도 없어

보인다.

✂ 나는 혁이, 사촌형과 함께 버들치를 잡기로 했다. 버들치는 1급수에서만 사는 어종이다. 나는 명덕리에 10년 넘게 살면서 버들치를 수도 없이 보아 왔다. 이번에는 낚시와 어항으로 잡았는데 몇 번을 잡은 끝에 100마리 가량의 버들치를 잡을 수 있었다. 100마리의 버들치를 풀어 놓을 통도 없고, 자유롭게 헤엄치는 걸 보기 위해 큰 보트에 물을 채워 버들치를 풀어 놓았다. 처음에는 개개인으로 다니던 버들치들이 하나둘 모여들더니 엄청 큰 무리가 되어 다녔다. 너무 재미있고 멋있었다. 그리고 신기한 것은 큰 놈들이 앞에 가 있고 새끼들이 뒤에 가는 거였다. 그리고 놀랍게도 대열이 딱딱 맞았다. 마치 바다 속 멸치 떼를 보는 것 같았다. 그리고 대장이 있었다. 몸집은 약 6~10cm쯤 되는데 가장 빠르고 힘이 넘쳐 보였다. 버들치들은 모였다 흩어졌다를 반복하고 두 무리로 나누어졌다 모이는 걸 반복하면서 점점 큰 무리가 되었다. 해체해서 다른 고기를 불러 모으는 것 같았다. 새끼 두 마리는 무리에 있다가 이리 치이고 저리 치이다가 결국 죽었다. 이 광경을 보니 하찮은 물고기라도 엄격한 서열이 있다는 것을 알게 되었다. 버들치는 볼수록 신기한 물고기다.

앞에 글도 신이가 썼고, 뒤에 글도 신이가 썼다. 한 사람이 쓴 글인데 완전히 다른 수준이다. 자기 집 앞에 있는 버들치를 보고 쓴 글인데 관찰력뿐만 아니라 표현도 기가 막히다. 처음 이 글을 본 뒤부터 선생님은 신이에게 계속해서 이런 종류의 글을 쓰게 했다. 한번은 은행나무를 관찰한 글을 썼는데 은행나무의 껍질이 '늙은 농부의 손처럼 거칠다.'고 표현했다. 늙은 농부의 손과 은행나무 껍질! 놀랍지 않은가?

모든 글을 잘 쓸 필요는 없다. 자신이 잘 쓰는 글을 계속 쓰면 길이 열린다. 모든 길은 결국 통한다. 한 분야에서 궁극의 경지에 이르면 다른 분야는 어렵지 않게 접근할 수 있다. 한 장르에서, 특별한 장점을 잘 살리는 글쓰기를 꾸준히 하다 보면 자신이 갈고 닦은 분야에서 글을 잘 쓰게 되고, 이는 모든 글을 잘 쓰는 능력으로 자연스럽게 이어진다. 피카소는 어릴 때 오직 새발만 세밀하게 그리는 연습을 반복했다고 한다. 15살이 될 때까지 계속 새발 그림을 그렸기 때문에 다른 그림은 못 그릴 것 같았지만 알다시피 피카소는 최고의 화가가 되었다. 피카소는 15살까지 새발만 그리면서 그림의 원리와 기법을 완벽히 터득했다. 글도 피카소 그림 그리기와 마찬가지다. 경지에 이르기 위해서는 자신이 잘하는 분야를 집중적으로 수련해서 발전시켜야 한다.

원칙 4 실용적 글쓰기를 할 기회를 제공하라

테스트를 위한 글, 목적이 없는 글을 쓸 때 아이들은 수동적이다. 자기가 세운 분명한 목적이 없고, 자기가 쓴 글에서 아무런 의미를 발견하지 못하는데 주체적인 글쓰기를 할리 만무하다. 글에 담긴 의미와 목적이 분명해야만 주체적인 글쓰기가 가능하다. 내가 세상에 하고 싶은 말이 있고, 그 말을 표현하기 위해 고민하는 과정 속에서 글이 나온다.

실생활에서 글을 자꾸 사용해야 한다. 논술문, 독후감, 일기처럼 누군가가 시켜서, 하라고 하니까 어쩔 수 없이 하는 글쓰기에서 벗어나 실제 생활에 필요한 글을 써야 한다. 실용적 글쓰기를 해야만 글이 지닌 진짜 힘을 느낀다. 엄마에게 용돈을 올려달라는 요구를 글로 전달하고, 아빠가 담배를 끊으면 좋겠다는 소망을 글로 전달하고, 친구에게 미안한 마음을 글로 전달하고, 할아버지 안부를 묻는 전화 대신 글로 마음을 전해야 한다. 멋진 감상문이나 시를 써서 가족들이나 친구들에게 들려 주어야 한다. 계속 자기 글을 써서 반응을 이끌어 내야 한다.

책상머리에서 선생님께 첨삭을 받고, 부모님께 칭찬을 받기 위한 글을 쓰기만 하면 글을 잘 쓰게 될지는 몰라도 책임 있는 글은 못 쓴다. 글에 세상을 향한 진지한 고민을 담지 못한다. 글은 일상생활에서 생각과 느낌, 지식을 전달하는 수단이다. 글로 시험을 보는 것은 부차적인 일이다. 실제 생활에서 글을 잘 활용하는 것이 글쓰기 교육의 목적이다.

수학을 못하는 학생들은 흔히 "수학을 배워서 어디에 써요?" 하는 말을 많이 한다. 수학을 못해서 그런 말을 하기도 하지만, 쓸모가 없다고 생각하기 때문에 수학 공부에 흥미를 느끼지 못하는 것이다. '영어가 참 쓸모가 있구나' 하고 느낀 학생과 그런 경험이 한 번도 없는 학생의 영어 공부에 대한 열정은 다르다. 글쓰기도 똑같다. 글쓰기 능력이 삶에 정말 쓸모가 있다는 생각이 들면 글쓰기 실력은 자연스럽게 늘어난다.

엄마! 용돈을 주일제로 주세요. 사실 옛날로 돌아가고 싶어요. 2,000원이 아니어도 좋고, 1,000원이어도 좋아요. 저도 친구들이랑 같이 용돈 얘기도 해 보고 싶고, 같이 쇼핑 같은 것도 해 보고 싶어요. 쇼핑센터에 미희, 은진, 유진, 혜원이랑 같이 가기로 했는데 돈을 빌리지 않고 제 돈으로 무언가를 해 보고 싶어요. 사실, 요즘에는 용돈을 벌 시간도 모자라요. 그러니까 저도 친구들과 어울릴 수 있는 시간이 줄어들어요. 그 대신에 제 실내화는 제가 알아서 빨게요. 또 목욕이나 샤워를 한 뒤에는 간단하게나마 욕실청소도 할게요. 네? 그러니까 제발 일주일마다 용돈을 주세요.

원주가 수업 시간에 쓴 글인데, 원주 엄마는 원주가 바라는 용돈 인상을 해 주었다. 원주가 그 뒤에 글쓰기에 재미를 들이고, 잘 쓰게 된 것은 당연하다.

아이들은 자꾸 생활 속에서 활용하는 글을 써 보아야 한다. 글쓰기는 공부와 평가를 위해 필요한 능력이 아니라 살아가는 데 필요한 능력이다. 자신의 생각을 체계적으로 정리하는 습관을 가지기 위해서라도 필요하다. 그런 면에서 일기는 반드시 필요한 글쓰기 습관이다. 안타깝게도 아이들은 일기를 생활 속 글쓰기가 아니라 평가나 검사를 위한 글로 여긴다.

글쓰기 지도를 할 때는 글이 지닌 힘을 깨닫게 하는 과정이 반드시 필요하다. 글이 얼마나 감동을 주는지를 느끼게 해야 한다. 자기 글이 사람들에게 감동을 주고, 생각에 영향을 끼치며, 용기를 주고, 실제 삶을 변화시킨다는 사실을 확인하면 글 쓰는 태도가 바뀐다. 책임 있는 글을 쓰고, 글쓰기를 귀하게 여긴다. 글 쓰는 보람도 느낀다.

원칙 5 자기만의 시선을 담게 하라

우리는 객관적인 사실, 객관적인 대상이 존재한다고 여긴다. 그러나 세상은 있는 그대로 존재하지 않는다. 똑같은 대상을 보고도 무엇을 보느냐에 따라 대상은 전혀 달라진다. 2010년 남아공 월드컵 때 북한과 포르투갈이 경기를 했다. 결과는 0대7이었다. 많은 이들이 0:7로 진 북한을 조롱하고, 북한의 수준이 떨어져서 이러한 처참한 결과가 나왔다고 평했다. 비가 오는데 미끄러지지 않는 축구화가 없는 북한의 열악함을 불쌍하게 여기는 사람도 있었다. 그런데 어떤 이는 전혀 다른 관점에서 이 경기를 보았다.

'바보 같아 더 가슴 아픈 북한대표팀'이라는 글에서 한 네티즌은 북한의 처참한 패배를 조롱하지 않았다. 불쌍하게 여기지도 않았다. 그 대신 아름다운 경기를 보았다고 적었다. 반칙을 거의 하지 않기 때문이다. 빗속에서 0:7로 처참하게 패하면서도 쓰러진 포르투갈 선수를 일으켜 주는 그들의 모습에 감동했다고 썼다. 그러면서 멋진 경기는 보지 못했지만 아름다운 경기를 보았노라고 했다.

　세상은 있는 그대로가 아니다. 어떻게 보느냐에 따라 세상은 달라진다. 어떤 이들은 북한 축구 선수를 조롱했다. 그들에게 북한 축구 선수는 조롱의 대상이다. 어떤 이들은 북한 축구 선수를 불쌍하게 여겼다. 그들에게 북한 축구 선수는 연민의 대상이다. 어떤 이는 북한 축구 선수들이 세상에서 가장 아름다운 경기를 했다고 보았다. 그 경기를 보고 가슴 뭉클함을 느끼고 감동했다.

　무엇을 볼까? 무엇을 쓸까? 무엇을 보고 무엇을 쓰느냐에 따라 세상은 달라진다. 그리고 자기 자신도 달라진다. 글을 쓴다는 것은 내가 본 세상을 활자를 통해 다른 사람에게 전하는 행위다. 그래서 글쓰기는 바라보는 것이요, 글쓰기 교육은 바라보는 힘을 키워 주는 것이다. 세상을 남과 다른 시선으로 바라보면, 남과 다른 글이 탄생한다. 세상을 따뜻하게 바라보면 따뜻한 글이 나오고, 삶을 즐겁게 바라보면 즐거운 글을 쓰고, 삶에서 희망을 바라보면 희망이 넘치는 글을 쓴다. 그리고 자신이 쓴 글처럼 세상을 살아간다. 글쓰기는 바라보는 것이다. 삶을 관찰하는 것이다.

게임에 빠진 아이, 게임에 관한 글을 쓰게 하라

아이들은 게임을 좋아한다. 특히 남자 아이들은 기회만 나면 게임을 하려고 한다. 이런 저런 이유로 게임을 못하게 하지만 게임에 관한 관심은 식을 줄 모른다. 금지는 위반하고 싶은 욕망만 불러일으킨다. 금지해 봐야 하고 싶은 마음만 커질 뿐이다.

게임에 정말 관심이 많은 아이에게 게임에 관한 글을 써 보도록 하는 것은 어떨까? 자신이 좋아하는 게임 소개하기, 자신만의 게임 경험, 게임 공략법, 게임 평가, 캐릭터 분석 등 게임에 관한 다양한 이야기를 글로 쓰게 하는 것이다. 물론 대충 쓰는 것이 아니라 전문성과 깊이를 느낄 수 있는 글을 쓰게 해야 한다. 글의 수준에 따라 게임할 수 있는 기회를 제공하면 아마 열심히 쓰려 할 것이다. 쓴 글을 꼼꼼하게 읽고 평가를 해 주는 과정은 반드시 필요하다. 이렇게 자꾸 반복하면 아이는 글쓰기를 아주 재미있게 여기게 되거나, 글쓰기가 힘들어 게임하는 것을 절제하거나 둘 중 하나를 선택할 것이다. 혹시 게임에 관한 글쓰기에 재미를 붙여서 정말 수준 높은 글을 쓸 수 있게 될지도 모른다. 그렇다면 금상첨화. 글쓰기 능력도 기를 뿐만 아니라 21세기 유망 직종인 게임과 관련된 전문가로 성장할 기회를 잡은 것이기 때문이다. 게임 평론가나 개임 기획자, 게임 개발 책임자는 앞으로 유망한 직업에 속한다. 아이가 좋아하는 것이 있다면 그것을 금지하기보다 새로운 방향으로 이끌 수 있는 방법이 없는지 고민해 보기 바란다.

03 살아 있는 글을 쓰게 하는 여덟 가지 방법

글은 살아 있어야 한다. 살아 있는 글은 진실과 삶이 담겨 있다. 그런데 많은 학생들이 죽은 글을 쓴다. 억지로 쓴 글은 생명력이 전혀 없다. 어른들의 구미에 맞는 글, 멋지게 보이도록 꾸며 쓴 글은 죽은 글이다. 시험을 위한 글, 성적을 매기기 위한 글도 죽은 글이다. 논술문의 형식이 어쩌느니, 편지 형식이 어쩌느니 하면서 갈래별 특성과 형식에 억지로 꿰어 맞추어 쓴 글도 죽은 글이다.

살아 있는 글은 자발적으로 쓴 글이다. 꾸며 쓴 글이 아니라 자기 내면의 진실을 그대로 담은 글이다. 시험과 성적을 위한 글이 아니라 글의 본래 목적에 맞게 생각을 전달하고, 자기 마음을 정리하기 위해 쓴 글이다. 형식에 얽매이지 않고 하고 싶은 말을 생생하게 드러 낸 글이다.

글쓰기는 세상과 경험을 종이 위로 옮기는 행위다. 글쓰기 실력이란 세상의 경험을 적절하게 옮기는 능력을 말한다. 옮기기 위해서는 발견할 줄 알아야 한다. 모든 세상, 모든 경험을 옮기지 못하므로 의미 있고, 두드러진 것만 옮긴다. 글을 잘 쓰는 아이들은 옮기는 능력, 즉 발견하는 능력이 뛰어나다. 반면에 글을 잘 못 쓰는 아이들은 세상을 바라보는 힘, 세상을 느끼는 힘이 부족하다.

경치가 뛰어난 풍경 속에 자리 잡은 아파트에 사는 학생 집에 선생님이 방문했다. 풍경이 너무나 멋져서 창문을 열고 나란히 앉아서 바라보았다. 선생님이 "정말 멋있다." 하고 말했더니 "맨날 보는 풍경이 뭐가 멋져요?" 하고 말했다. 장미 넝쿨과 푸르름으로 가득한 소나무, 넓은 잎을 자랑하는 신갈나무가 향기를 자아 내는데도 아이는 아무런 감흥을 느끼지 못했다. 이런 풍경을 보고도 느낌이 없는 아이가 시를 제대로 감상하지 못하는 것은 당연하다. 아름다운 자연을 볼 줄 모르는 아이가 글을 정확히 읽거나 무언가를 관찰할 능력이 없는 것도 당연하다. 많은 아이들이 새로움이 가득해도, 감동받을 만한 일이 일어나도 발견할 줄 모르고, 느낄 줄 모른다. 주인공의 감정이나 갈등 상태를 보고 아픔을 느끼거나, 슬픔을 느끼지 못한다. 외우지 않으면 모르고, 당연히 글도 못 쓴다.

글을 잘 쓰기 위해서는 세상을 발견하는 힘, 세상을 느끼는 힘을 키워야 한다. 오감쓰기는 인체의 다섯 가지 감각 능력을 활용하여 세상을 바라보고, 세상을 느끼는 능력을 키우는 글쓰기다. 오감쓰기를 하려면 인간의 다섯 가지

감각을 총동원해서 쓰고자 하는 대상을 충분히 파악하는 과정을 먼저 거쳐야
한다. 우선 우리 몸 감각에서 절대적인 비중을 차지하는 시각 정보를 충분히
활용한다. 대부분의 사람들이 시각 정보로만 사물과 대상을 파악하는데, 다른
네 가지 감각도 총동원해야 한다. 만져 보고, 맛을 보고, 냄새도 확인하고, 소
리도 들어 보아야 한다. 그리고 이 다섯 가지 감각을 글로 옮겨야 한다.

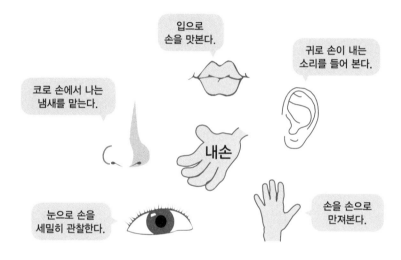

내 손은 손끝이 뭉툭하고 짧다. 엄마는 내 손이 재주가 많은 손이라고 한다. 잔손금이 별
로 없어서 깔끔해 보이지만, 마디가 굵어서 반지 낄 때 잘 안 들어갈까 걱정이다. 손톱을
만져 보니 끝이 약간 거칠다. 손톱을 다듬어야 할 것 같다. 손을 비비니 뿌드득 소리가
난다. 박수를 치니 맑고 경쾌한 소리가 난다. 내손은 참 부드럽고 따뜻하다. 내 손의 부
드러움과 따스함이 너무 좋다. 손을 맛보려는데 조금 찜찜하다. 내 손이 깨끗하지 않은
것 같아서 손에 혀를 대지 못했다. 그런데 손에서 약간 냄새가 났다. 오늘 저녁 때 먹은
음식 냄새가 배어 있나? 손을 깨끗이 씻으러 가야겠다.

선주가 자기 손을 관찰하고 쓴 글이다. 오감쓰기를 하면 주변을 세밀하게 관찰하고 묘사하는 능력이 길러진다. 오감쓰기로 관찰력을 기르면 문학적인 글쓰기 능력도 는다.

방법 2 대상이 분명한 글쓰기

글쓰기는 시험을 위한 것이 아니다. 글은 내 생각과 느낌을 남에게 전달하는 수단이다. 아이들은 글을 내 생각과 느낌을 전달하는 수단이 아니라 시험보는 수단으로밖에 여기지 않는다. 시험이 싫으니 글쓰기도 싫다.

글쓰기의 재미를 키우려면 글의 본래 목적에 충실해야 한다. 그래서 목적이 있는 글, 즉 내 생각을 전달하는 글을 써야 한다. 『키다리아저씨』(진 웹스터)를 보면 키다리 아저씨가 주디를 후원하면서 편지를 계속 쓰라고 하는데 '편지가 문장력을 기르는 데 가장 도움이 된다'고 여겼기 때문이다. 누가 읽을지도 모르는 막연한 글을 쓰는 것보다는 글을 읽는 사람이 누구인지 분명할 때 글로 생각을 전달하기가 훨씬 쉽다.

편지글은 대상이 분명한 글쓰기를 대표한다. 편지는 받는 사람을 정해 두고 쓰는 글이다. 편지는 일대일 관계로 글을 쓰기 때문에 상대에게 내 감정을 더욱 진솔하게 전하고, 내 감정과 상황을 전하는 데 매우 유용하다. 편지는 가짜 글이 불가능하다. 내 진짜 마음을 전할 수밖에 없고, 받는 이도 진짜인지 가짜인지 금방 안다. 그래서 진솔한 글쓰기를 하는 데 있어 편지글만큼 좋은 갈래는 없다.

책속의 주인공처럼 막연한 대상에게 보내는 편지는 진실한 글이 아니라 꾸며 쓴 글이 될 가능성이 높다. 책속의 주인공이 나를 아는 사람이 아니기 때문에 꾸며 써도 아무런 상관이 없다. 편지글은 실제 사람에게 전달해야 실감나고, 편지를 쓰는 재미도 크다. 편지는 글 쓰는 이가 잘 아는 사람, 글 쓰는 이를 잘 아는 사람에게 써야 한다. 실제 아는 사람에게 편지글을 통해 평소에 하고 싶었던 말도 하고, 요구사항이 있으면 요구도 하고, 사랑한다고 말하고 싶으면 사랑한다고 말할 수 있는 기회가 많아야 한다.

> 엄마! 난 엄마가 나를 야단치는 이유가 나를 위해서라는 것을 잘 알아. 내가 잘못한 것도 알고. 그런데 똑같은 야단을 여러 번 반복해서 하면 나도 짜증이 나. 분명히 알았다고 했는데, 반성한다고 했는데도 똑같은 소리를 몇 십 분씩 계속하는 것은 나를 믿지 못한다는 거잖아. 난 그게 너무 싫어. 엄마! 사랑하는 엄마! 난 엄마의 사랑스런 딸이야. 그리고 난 한 번만 이야기하면 충분히 알아들어. 엄마가 날 걱정하는 것은 알지만 날 믿고 야단은 한 번! 알았지? 부탁해. 엄마!

윤지가 엄마에게 보낸 편지다. 아이가 솔직하게 쓴 글을 있는 그대로 인정하고 받아 주면 자녀는 진심을 담아서 글을 쓴다. 진심이 담긴 글은 훌륭하다. 진심을 담은 글은 기교를 뛰어넘는 힘을 지녔다. 부모가 답장을 해 주면 가족 사이의 정도 깊어진다. 여러모로 보아 편지글은 이득이 많다.

구체적인 대상을 설득하는 글쓰기

논술문은 설득하는 글이다. 설득은 설득하는 주체가 있고 설득하는 대상이 있다. 요즘 학생들이 쓰는 논술문은 대부분 설득하는 대상이 없다. 심지어는 설득하는 주체도 없는 글이 많다. 학생이 글을 쓰고, 선생님이 평가하는 형식이기 때문이다. 학생이 선생님을 설득하는 글을 쓰는 것도 아니므로 대상이 막연해서 그저 막연히 옳은 소리만 늘어놓고 만다. 설득하는 대상이 불분명한 논술문과 설득하는 대상이 분명한 논술문은 차원이 다르다. 설득하는 대상이 어머니인지, 아버지인지, 동생인지, 친구인지 분명하면 그에 맞는 어휘와 근거, 예시를 사용한다. 논술문을 잘 쓰려면 설득하려는 대상과 더불어 설득하는 목적도 분명해야 한다. 용돈을 더 많이 받으면 좋겠다는 절실함, 게임 시간이 적다는 절절한 하소연, 좋아하는 가수의 음반을 사달라는 간절함이 있어야만 설득하는 글을 잘 쓴다. 설득하는 글(논술문)을 잘 쓰려면 일상에서 실제 사람을 설득하는 글을 자꾸 써야 한다.

동생아! 네가 돈을 막 쓰는 것은 나쁘다고 생각해. 왜냐하면 쓸 때 사용할 만큼 써야 되는데 아무 생각 없이 사용하면 나중에 필요한 준비물을 살 수 없게 돼. 나는 그러한 모든 것이 다 나쁜 습관이라고 생각해. 돈은 아주 소중한 것이지. 아, 그리고 저금을 하지 않으면 늙어서도 그렇게 돈을 많이 쓰지는 못해. 어쩌면 거지가 되어서 다른 사람들에게 구걸이라도 해야 되겠지. 놀러가다 보면 지하철에도 있지. 모자를 쓰고 손을 뻗고 있는 사람 말이야. 얼마나 창피하였을까? 참 궁금하구나. 그 사람도 너처럼 돈을 쓰다 보니 그렇게 되었지. 거지가 되고 싶어서 하는 사람이 있겠니? 그렇지 않니? 이제부터라도 습관을 고치렴.

동생이 용돈을 함부로 쓰는 것이 걱정스러운 정현이의 마음이 담긴 글이다. 표현이 조금 부족하기도 하지만 부족함을 메우고도 남을 진솔함이 가득 담겨 있다. 진솔함이 있기 때문에 설득하는 글로는 나무랄 데 없다. 실제로 사회생활에서 필요한 글쓰기는 바로 이처럼 대상과 목적이 분명한 논술문이다. 자신의 억울함을 호소할 때, 사회의 불편부당함을 많은 사람들에게 알릴 때, 정부나 지방자치단체의 정책을 비판하거나 새로운 정책을 요구할 때 설득하는 글을 쓴다. 논술문은 시험 볼 때 필요한 글이 아니라 삶에 필요한 글이다.

아쉽게도 어릴 때 일상에서 설득이 필요한 경우는 그리 많지 않다. 요구하는 내용도 폭이 넓지 않고, 요구하는 대상도 일상에서 접하는 몇몇 사람뿐이다. 다양한 상황에서 다양한 생각을 담아 설득하는 글을 쓰기에는 일상의 경험은 충분하지 못하다. 그래서 책이 필요하다. 책은 토론을 할 때와 마찬가지로 다양한 상황에서 설득하는 글을 쓸 기회를 제공한다. 역할토론과 마찬가지로 한쪽 편이 되어 다른 쪽 편을 설득하면 목적과 대상이 분명한 논술문을 쓸 수 있다. 특정한 상황에서, 특정한 사람이 사용하는 논리를 정확히 이해하는 것이 '독해력과 논리력' 학습의 핵심이라고 할 때 역할에 맞는 글쓰기는 역할토론과 마찬가지로 독해력과 논리력을 키우는 효과가 크다. 아래는 윤지가 바이올렛이 되어 아모스에게 쓴 글이다.

 아모스!

당신이 가난한 이웃을 도우려는 마음은 잘 알겠어요. 당신은 예전에도 노예 상태에 있던 흑인들을 많이 도왔지요. 나 자신도 당신 도움으로 자유를 얻었고, 지금 이처럼 행복한 삶을 누리고 있어요. 그래서 늘 당신의 그 자비로운 마음이 고맙고, 존경스러워요.

그렇지만 아모스!

지금 당신이 도우려는 사람들은 스스로 살려는 의지가 없어요. 그래서 당신이 아무리 도와도 밑 빠진 독에 물 붓기가 될 거예요. 그런 사람을 왜 도우려 하는지 이해할 수 없어요. 그들이 스스로 일할 수 있게 해야지요. 무엇보다 당신 나이가 이제 80이에요. 이젠 당신 자신을 위해 살 때도 되었다고 생각해요.

당신의 진실한 벗, 바이올렛 드림.

방법 4 시간의 흐름에 따라 눈에 보이는 대로 쓰기

이오덕 선생님은 '서사문이 모든 글쓰기의 기본'이라고 강조했다. 거의 대부분의 아이들이 학교와 학원에서 주입식 공부만 하기 때문에 생각이 비슷하다. 또 어른들이 이게 옳다, 저게 옳다고 가르치는 내용도 비슷하다. 결국 생각을 쓰라고 하면 엇비슷한 글밖에 나오지 않는다. 자기 표현을 적극적으로 드러내는 경험이 없기 때문에 느낌도 솔직하지 않고 꾸며 내는 경우가 많다. 이오덕 선생님은 글쓰기의 중심은 생각보다 행동이어야 하며, 행동을 쓰는 서사문이 글쓰기의 기본이라고 강조한다. 서사문은 자기가 한 일, 자기가 본 일을 있는 그대로 쓰는 글이다. 누가, 언제, 어디서, 무엇을, 어떻게 하였다는 내용을 본 대로 쓴다. 느낌이나 생각을 억지로 넣을 필요가 없다. 그냥 있는 그대로, 경험한 그대로 쓰면 서사문이 되는 것이다. 서사문은 가짜가 없다. 흉내 낼 필요도 없다. 자신이 겪고 본 일이기 때문이다. 서사문을 자꾸 쓰다 보면 일상을 그려 내는 힘이 길러진다. 일상의 재발견이 바로 글 잘 쓰는 사람의 핵심 능력이라고 할 때 서사문 쓰기는 글쓰기 솜씨를 키우는 핵심 비결이라고 할 수 있다.

아빠는 아침에 일어나자마자 신문을 챙겨들고 화장실로 들어가신다. 휴대전화는 문 밖에 놓여 있다. 그러고는 30분을 앉아 계신다. 중간에 전화가 걸려 왔는데 손이 살짝 나오더니 휴대전화를 집으신다. 화장실 안에서 전화 통화를 하시는 것이다. 우리 집 화장실은 두 개인데 가족은 다섯 명이어서, 한 사람이 한 화장실을 차지해 버리면 나머지 네 명이 한 화장실을 이용해야 한다. 서열에서 밀리는 나는 화장실을 마음 편하게 쓸 수가 없다. 30분이나 화장실을 차지했던 아빠와 교대하면서 변비냐고 물었더니 아니라고 하신다. 그럼 빨리 나오시라고 했더니 '네가 모닝×의 기쁨을 알어?'라고 하시면서 들은 척도 안 하신다. 아! 모닝×이라니! 표현이 재밌어서 한참 웃었지만, 내일도 아침에 고생할 생각을 하니 아득하기만 하다.

익명을 요구한 아이가 쓴 글인데 정말 재미있는 서사문이다. 이 글처럼 서사문 쓰기에는 특별한 기술이 필요 없다. 그저 눈에 보이는 대로, 시간이 흐르는 대로 쓰는 것이 유일한 기술이다.

방법 5   상상하는 대로 쓰기

마음대로, 상상하는 대로 글을 쓰라고 하면 아이들은 신나게 글을 쓴다. 어떻게 쓰라는 제한이 없고, 잘 써야 한다는 부담도 없고, 나중에 선생님이나 부모님에게 평가를 받지 않아도 된다는 확신이 들면 글 쓰는 태도가 확 바뀐다. 글쓰기에 대해 부담이 많은 아이들에게는 마음대로, 상상하는 대로 글을 쓸 기회를 많이 제공해야 한다.

홈스쿨링을 하는 유리는 판타지 소설에 푹 빠져 있다. 그래서 날마다 판타지 소설을 읽고, 날마다 판타지 소설을 쓴다. 자신이 쓴 글을 인터넷 카페에 올리기도 한다. 유리에게 판타지 소설 쓰기는 최고의 즐거움이다. 초등학교에 다니는 지은이는 동화책을 읽고 자기 나름대로 바꿔 쓰고, 꾸며 쓰기를 계속했다. 지은이가 쓴 글을 부모님뿐만 아니라 많은 사람들이 읽었고, 읽는 사람마다 지은이가 쓴 기발한 이야기에 배꼽이 빠지도록 웃었다. 독자들의 웃음은 지은이가 글 쓰는 재미에 푹 빠지도록 했다.

일상에서 불가능해 보이는 일들을 상상해서 글을 쓰는 재미도 쏠쏠하다. 내가 마법사라면, 내가 하늘을 난다면, 내가 마음에 안 드는 애를 실컷 골탕 먹인다면, 1년 내내 놀아도 된다면 등 생각만 해도 짜릿한 상상들을 글로 쓰면 글쓰기가 부담스럽다는 말은 전혀 나오지 않는다.

쓰고 싶은 글을 마음대로 쓰게 하면 아이들은 행복하게 글을 쓴다. 당연한 이야기지만 행복하게 글을 쓰면 글쓰기 실력은 저절로 는다.

방법 6 대화글 쓰기

글은 의사소통의 수단이다. 글은 말로는 나눌 수 없는 생각을 나눌 수 있고, 말과는 다른 장점이 있다. 하고 싶은 말이 있을 때, 글로 대화를 나누면 말에서는 느낄 수 없는 특별한 감정을 느끼게 된다. 말은 흘러가 버리지만, 글은 흔적이 남는다. 말은 종종 신중하지 못하기도 하고 한 번 내뱉으면 다시 주워 담지도 못하지만, 글은 훨씬 조심스럽고 고칠 기회도 있다. 글은 생각을 차분하게 정리하는 효과도 있다. 무엇보다 대화글은 자녀와 부모 사이에 대화를 나누는 새로운 매개체면서, 자녀의 글쓰기 실력도 기르는 효과적인 방법이다. 특히

긴 글을 쓰는 힘이 부족한 아이들에게 대화글은 효과가 크다.

🙂 아이　호치 씨가 나빴서. 왜냐하면 거북을 자기집으로 올려잖하.(올렸잖아.)

『아북거, 아북거』(로알드 달 저)를 읽고 초등학교 1학년 아이가 쓴 한 줄짜리 독후감이다. 『아북거, 아북거』에서 호치 씨는 실버 부인의 환심을 사기 위해 교묘한 속임수를 사용하는데 그게 마음에 안 들었나 보다. 아빠는 아이와 다른 생각을 독후감 밑에 썼다.

🧑 아빠　그래도 두 사람이 결혼을 했고, 원래 거북이도 행복하게 되었는데 좋은 일 아니니?

원래 거북은 다른 곳에 보내져 행복하게 살게 되었다는 이야기가 마지막에 나온다.

🙂 아이　어쨌든 실버부인은(실버부인을) 속였잖하.(속였잖아.)

아빠는 멈추지 않고 또다시 의견을 제시했다.

🧑 아빠　모두 잘 됐는데 뭐가 문제지? 속이는 것이 왜 문제야?

"아이참, 아빠는 그것도 몰라?"
아이는 아빠를 보더니 답답하다는 표정을 지었다.

"글쎄, 아빠는 네가 왜 그렇게 생각하는지 궁금한 걸."

아빠는 정말 진지한 표정으로 궁금하다고 물었다.

아이　속이는 게 얼마나 어구한지 아라? (억울한지 알아?)

아이는 속는 사람이 억울하다고 느꼈다. 단순히 속이는 것이 나쁘다는 도덕적인 주장이 아니라, 속임을 당하는 사람이 얼마나 억울하고 안타까울지를 염려하는 마음이었다. 아빠는 아이 말에 설득당했다. 맞다. 속이는 사람은 좋을지 몰라도 속임을 당하는 사람은 정말 억울하다.

아빠　네 말이 맞네. 잘 알았어.

아이　"아빠가 졌지?"

아이는 글쓰기를 마치 한편의 게임처럼 여겼다. 아빠는 논쟁에서 졌음을 솔직히 인정했다. 아이는 글을 다 쓴 뒤 싱글벙글하더니 집에 오는 어른들에게 자신이 글을 써서 아빠를 이겼다고 자랑했다.

다음은 『개구리 선생님의 비밀』(파울 판 론 저)를 읽고 나눈 대화글이다.

아이　클라퍼 선생님이 불쌍해. 왜냐하면 사람으로 돌아올 수 없잖아. (없잖아)

아빠　맞아, 아빠도 불쌍해. 하지만 프란츠 선생님(개구리 선생님)은 어쩔 수 없었잖아. 그리고 클라퍼 선생님은 못됐어.

아이　프란츠 선생님이 그냥 피해 다니면 되잖아.

🧑 아빠 　같은 학교여서 힘들어. 그리고 클라퍼 선생님은 너무 나빠.

🧒 아이 　자기 비밀을 들키지 않으면 되잖아.

🧑 아빠 　클라퍼 선생님이 나쁘다는 아빠 의견은 어떻게 생각해?

🧒 아이 　그거 나도 인정해.

🧑 아빠 　넌 이런 선생님이 있으면 어떻게 할래? 궁금해.

🧒 아이 　처음에 비밀 안 들을래.

🧑 아빠 　만약에 너 담임선생님이 나비인 걸 알아버렸어. 어떻게 하지?

🧒 아이 　그냥 놔둘래.

🧑 아빠 　만약 교장선생님이 두꺼비여서 선생님을 먹으려고 하면 어쩌지?

🧒 아이 　이건 책인데 실재(실제) 이야기가 왜 나오는데?

🧑 아빠 　물론 책이지. 하지만 실제 이런 일이 생기면 어떻게 할지 궁금해서.

🧒 아이 　실제로는 이런 일이 안 생기거든.

🧑 아빠 　지타가 선생님을 위해 거짓말을 한 행동을 어떻게 생각해?

🧒 아이 　좋기도 한대 나쁜 거야.

🧑 아빠 　선생님을 위하는 마음은 좋은데 거짓말은 나쁘다고 한 거구나.

🧒 아이 　그래. 오늘 빨리 끝내자. 힘들어.

🧑 아빠 　오늘 길게 글을 나누니 재미있다.

🧒 아이 　2대1.

"웬 2대1?"

"어제는 내가 이겼잖아. 오늘은 둘 다 이겼고. 그러니까 2대1이지."

아빠는 흐뭇한 미소를 지었다. 아이도 기뻐했다. 책을 읽고 글로 길게 생각을 나누어 보니 말로 생각을 나누는 것과는 차원이 다른 재미를 느꼈다. 글은 말과 다른 맛을 내는 멋진 소통 도구다.

방법 7 자기 삶에서 인상적인 경험 쓰기

글쓰기는 '발견하는 힘'이다. 일상생활에서 기억에 남는 이야기를 자꾸 발견해서 글로 옮기면 그것이 곧 훌륭한 글이다. 기억나는 사건, 의미가 있는 일이 생각나면 글로 옮기는 연습을 자꾸 해야 한다. 특별한 일이 글이 되는 것이 아니라 글로 써 놓고 보면 특별한 일이 된다.

> 교정을 했다. 교정하기 전날 사촌 언니가 맛있는 젤리를 사왔는데 아껴 먹으려고 하다가 다음날 교정을 해서 먹지 못했다. 교정을 하고 있는 동안에는 젤리도 못 먹고, 사탕도 못 먹고, 과자도 거의 못 먹는다. 내 교정은 2년 뒤에나 끝나니 이제 2년 동안은 젤리, 사탕, 과자와 작별 인사를 해야 한다. 나는 아직도 그 젤리를 아껴 먹으려고 했던 것이 너무 아쉽다. 먹고 싶을 때 바로 먹었어야 했는데 말이다. 2년 뒤에야 교정을 푸는데 그때까지 먹고 싶은 것도 가려 먹어야 한다니 내 삶의 목표가 끝난 것 같다.

먹기 아까워서 남겨둔 젤리를 치아 교정으로 인해 먹지 못하게 된 사연을 쓴 주형이의 글이다. 하고 싶은 일을 미루었다가 결국 하지 못하게 된 안타까움이 잘 드러나 있다. 교정과 젤리 이야기는 평범하지만, 주형이가 쓰고 나자 아주 특별한 이야기로 재탄생했다. 글이 지닌 힘이다.

탑 블레이드

- 유동주 -

탑 블레이드에
맞으면 엄청 아파

우리 아빠가 돌린
탑 블레이드에 맞아서
나 울었어

서현아, 진짜 아팠어
그래도 조금 참았어

　아픈데도 애써서 꾹 참으려는 어린 동주의 표정이 보이는 듯하다. 작은 사건이지만 글로 쓰고 보니 아이의 솔직함이 잘 묻어난다. 글쓰기는 '바라보는 것'이라고 하였다. 일상의 작은 경험이지만 그것을 글로 써 놓으면 전혀 다른 느낌과 의미가 생겨난다. 글쓰기 능력은 '발견하는 힘'이다.

방법 8 **인터넷에서 책임 있는 글쓰기**

악성 댓글을 달거나, 무책임한 주장을 퍼트리는 사람들이 인터넷에 많다. 이들은 글을 무책임하게 쓴다. 자신이 쓴 글이 얼마나 무시무시한 힘을 지닌 무기인지 전혀 고민하지 않는 사람들이다. 악성 댓글뿐만 아니다. 꽤 명성이 있는 지식인들도 자기 글이 어떤 영향을 끼칠 것인지를 고민하지 않고 쓰는 경우가 많다. 생각 없이 쓴 글이 얼마나 많은 사람들에게 상처를 주고, 사회적인 파장을 몰고 올 것인지를 고려하지 않는다. 무책임한 글은 사회의 흉기다. 글을 쓰는 사람은 자기가 쓴 글은 사라지지 않고 계속 남아 사람과 사회에 영향을 끼친다는 사실을 명심해야 한다.

교육 효과를 가장 높이는 학습 방법이 체험학습이듯, 글쓰기 교육의 효과를 가장 잘 높이는 지도 방법도 역시 체험이다. 수많은 체험 속에서 자기 글이 주변 사람과 세상에 어떤 영향을 끼치는지를 깨닫게 해 주는 과정은 글쓰기 교육에서 반드시 필요하다. 인터넷은 책임 있는 글쓰기를 가르치기에 매우 적절한 공간이다. 자신이 쓴 글이 수많은 사람들에게 미치는 영향을 어렵지 않게 확인할 수 있기 때문이다. 인터넷 글쓰기는 아이들도 싫어하지 않는다. 인터넷은 수많은 방식으로, 다양한 종류의 글을 쓸 기회가 무한대로 열린 공간이며, 마법의 공간이다.

인터넷 공간에서 아이가 어떤 글을, 어디에 남기고 다니는지 모두 확인하는 것은 불가능하다. 모두 확인하는 것 자체가 생각의 자유, 표현의 자유를 침해하는 행위다. 모든 글을 감시하는 방식으로 책임 있는 인터넷 글쓰기를 지도하는 것은 옳지도 않고, 가능하지도 않다.

인터넷 글쓰기 지도는 인터넷에서 자신의 관심 분야에 적극적으로 글을 남길 기회를 제공하고, 자녀가 쓴 몇 가지 글에 대해서 함께 이야기를 나누는 방법만으로 충분하다. 이때 글쓰기 지도의 핵심은 '책임'과 '다양함'이다. 아이가 쓴 글이 무책임하지는 않은지, 다른 사람에게 정말 도움이 되는 글인지, 진실을 담고 있는지 깊게 이야기를 나누어야 한다. 만약 자녀가 특별한 분야에 관심이 많다면 블로그를 운영하거나, 카페 등에서 적극 활동하게 해도 좋다. 이런 집중적인 인터넷 활동은 글쓰기 실력뿐만 아니라 자기 꿈을 스스로 키울 수 있고, 대학입시나 취업시험에도 보탬이 된다.

논술문의 3요소

논술은 설득하는 글이다. 설득은 설득하는 주체와 설득의 대상이 있다. 설득의 주체는 '나'다. 설득의 대상은 누구인가? 수많은 학생들이 논술문을 쓰면서 누구를 설득하는지 생각하지 않고 논술문을 쓴다. 당연히 평가를 위한 논술문이 대부분이므로 누구를 설득하겠다는 마음을 지녀 본 적이 없을 것이다. 논술은 설득하는 글이므로, 설득의 대상이 분명하지 않으면 논술문을 제대로 쓰기 어렵다. 학교나 학원에서 논술을 가르치면서 가장 간과하고 있는 부분이 바로 대상을 정하지 않고 막연한 논술문을 쓴다는 것이다. 대상이 막연하니 막연한 글을 쓸 수밖에 없다.

평가를 위해 쓰는 논술문이 대부분인 현실에서 설득의 대상을 명확히 정하기는 쉽지 않다. 설득의 대상이 불분명할 때는 설득의 대상을 가상으로 만들어야 한다. 가상으로 만들 때는 자신이 알고 있는 구체적인 인물이나 집단을 떠올리면 좋다. 대상이 명확하면 그 대상에게 어떤 말이 적절한지, 어떤 말을 하면 마음이나 태도를 바꿀 것인지가 저절로 떠오른다.

내가 논술문을 쓰는 대상은 어떻게 변해야 하는가? 왜 변해야 하는가? 대상이 정해지면 자연스럽게 떠오르는 질문이다. '어떻게 변해야 하는가?'는 주장이고, '왜 변화해야 하는가?'는 근거다. 주장과 근거라고 하면 딱딱하고 막연하지만 '어떻게'와 '왜'라고 질문하면 훨씬 자연스럽고 구체적인 생각이 떠오른다.

논술문의 3요소를 단순 도식으로 정리하면 다음과 같다.

논술문 = 설득의 대상 + 변화의 방향 + 변해야 하는 이유

목적 없는 글은 없다. 글을 잘 쓰고 싶으면 목적을 분명히 인식한 뒤에 글을 써야 한다. 목적이 분명하고 확고하면 흐르는 물처럼 수단과 방법이 뒤를 잇기 마련이다.

04 베껴쓰기, 가장 매력적인 글쓰기 훈련법

글쓰기를 가르칠 때 형식과 기교를 가르쳐서는 안 된다. 가르쳐 봐야 아이들에게 도움도 안 되고, 오히려 방해만 된다. 글은 자신이 쓰는 것이다. 글을 쓰는 순간은 오로지 자신과 글이 만난다. 오직 자신이 지닌 힘만 글로 나타난다. 글 쓰는 힘은 내면의 힘이다. 내면의 힘은 누구도 제공해 주지 못한다. 글 쓰는 힘은 스스로 터득하는 수밖에 없다. 그 누구도 글쓰기를 가르치지 못하며, 오로지 자기 자신의 힘으로만 깨우쳐야 한다. 스스로 글 쓰는 힘을 깨우치는 가장 좋은 방법 중 하나가 베껴쓰기다.

베껴쓰기를 하다 보면 글을 쓰는 힘, 표현하는 법, 구성하는 법을 스스로 터득할 수 있다. 베껴쓰기는 오래 전부터 훌륭한 글쓰기 훈련법이었다. 신문기자들이 처음에 신문사에 들어가면 기사 쓰는 법을 베껴쓰기를 통해 배운다고 한다. 다른 사람이 쓴 기사를 열심히 베껴 쓰고, 분석하면서 기사 쓰는 실력을 키운다. 시인들도 좋은 시를 읽고 베껴 써 보면서 시가 무엇인지 깨닫는다고 하고, 유명한 소설가들조차 문인의 길에 들어선 뒤에도 베껴쓰기를 통해 문장력을 가다듬는다고 하니 베껴쓰기만한 글쓰기 훈련법은 없나 보다.

베껴쓰기는 그냥 읽기와는 깊이가 다르다. 손으로 한 글자씩 베껴 쓰다 보면 눈으로 읽을 때는 보이지 않던 문장과 단어가 보이기 시작한다. 베껴쓰기는 글을 섬세하게 읽게 하며, 정확하게 읽게 하고, 깊이 있게 읽게 한다. 무엇보다 베껴쓰기는 작가가 되어 문장을 접하게 한다. 눈으로 읽을 때는 생각지도 못했던 작가의 마음이 베껴쓰기를 하는 과정에서 느껴진다. 한 글자, 한 글자 써 내려가는 작가의 심정이 같은 글을 쓰는 사람에게 전해지는 것이다. 그냥 읽을 때는 느끼지 못했던 감정이 글을 베껴 쓰는 과정에서 느껴진다. 그래서 베껴쓰기는 가장 좋은 독해 수단이기도 한다. 글은 손이 쓴다. 글은 머리가 아니라 손이 기억한다. 손에 익어야 좋은 문장, 좋은 표현이 나온다. 저절로 나온다.

베껴쓰기는 단지 뛰어난 글쓰기 훈련법만이 아니다. 베껴쓰기를 하다 보면 몸과 마음이 차분해진다. 그냥 읽기나 컴퓨터 자판을 두드릴 때와는 다른 감정을 느낄 수 있다. 좋은 표현, 좋은 문장, 좋은 이야기가 손끝을 통해 온몸을 타고 흐른다. 글이 주는 따스함이 몸과 마음을 평화롭게 하고, 글 속에 온전히 빠져들어 더욱 진한 감동을 느끼게 한다. 글과 손이 맞닿아 만들어 내는 진한 감동이 몸 전체를 적신다. 베껴쓰기는 가슴으로 하는 독서이며, 가장 훌륭한 글쓰기 훈련법이면서 동시에 가장 매력적인 독서법이기도 하다.

가정에서 글쓰기를 할 때 베껴 쓰는 요령은 다음과 같다.

첫째, 베껴쓰기는 쓰기를 하는 첫 과정이다. 하루에 20~30분 정도씩 꾸준히 베껴쓰기를 하는 것이 좋지만 별도로 시간을 내기 어려운 경우에는 글을 쓰는 첫 과정에 베껴 쓰도록 한다. 그러면 글이 손에 익어 자기 글을 쓰는 데로 자연스럽게 이어진다. 특히 베껴쓰기를 한 글의 내용이 글쓰기의 글감과 비슷하면 글을 풀어 가는 데 큰 도움이 된다. 모든 창작은 모방에서 시작하며, 모방을 통해 새로운 길이 열린다.

둘째, 베껴쓰기 시간은 최소 5분이다. 5분 정도는 해야 몸과 마음이 차분해지고 글이 손에 익는다. 만약 5분보다 오래 하고 싶으면 시간을 더 주어도 좋다. 그러나 한꺼번에 너무 많이 지치므로 몰아치기보다 꾸준하게 하는 것이 좋다.

셋째, 차분해야 한다. '최대한 빨리', '최대한 많이'는 베껴쓰기와 아무런 관련이 없다. 또한 또박또박 써야 한다. 종이에 차분하게 손 글씨를 쓰면서 문장을 음미하고, 이야기와 표현에 빠져드는 것이 베껴쓰기의 매력이요, 장점이다. 만약 글씨가 엉망이어서 글씨체를 교정하고 싶다면 베껴 쓰면서 또박또박 쓰게 하기 바란다. 또박 또박 쓰거나 책에 있는 글씨체를 흉내 내는 과정에서 글씨체가 어느 정도 교정되기도 한다.

넷째, 만약 문장력이나 표현력이 부족하면 그림책을 베껴 쓰게 해 보자. 문장력이 부족한 아이들에게는 그림책 만한 것이 없다. 그림책은 쉽고 간단한 문장이면서도 운율이 살아 있다. 무엇보다 부담이 없다. 아름다운 우리말과 따뜻한 이야기가 있는 그림책은 어린이 글쓰기 교본으로 최고다.

1860년, 대통령 선거를 치르고 있는 링컨에게 한 어린 소녀가 편지를 보냈다. "링컨 아저씨는 너무 홀쭉해서 딱딱하게 보여요. 수염을 기르면 훨씬 부드러워 보일 거예요. 그러면 부인들에게 인기가 오를 거고, 부인들이 남편들도 설득할 거니까 틀림없이 도움이 될 거예요. 수염을 기르세요."

이 편지를 받은 링컨은 곧바로 수염을 길렀고, 정말 대통령에 당선되었다. 대통령에 당선된 링컨은 미국의 역사를 바꾸었고, 미국의 역사가 바뀌면서 세계의 역사도 바뀌었다. 한 어린 아이가 보낸 편지 한 통이 역사에 크나큰 영향을 끼친 셈이다. 작은 글 한편이 강력한 영향을 끼친 사례는 이 밖에도 무수히 많다.

글은 인간이 만든 가장 강력한 무기다. 인류 역사에서 글보다 강한 무기는 아직 출연한 적이 없으며, 앞으로도 출연할 가능성이 거의 없다. 글이 세상을 바꾸었고, 글이 세상을 만들어왔다. 당나라에 유학을 간 최치원은 격문 한 장으로 반군을 물리쳤으며, 이황과 기대승은 편지를 주고받으면서 학문을 발전시켰다. 마르코폴로는 『동방견문록』을 써서 대항해 시대를 열었으며, 마르크스는 '공산당 선언'으로 세계를 뒤흔들었다. 애덤 스미스는 『국부론』으로 자본주의의 바탕을 마련하였으며, 케인즈는 '고용, 이자 및 화폐에 관한 일반이론'이라는 글로 무너져가는 자본주의를 구해 냈다. 수천 년 전에 기록된 '성경'은 인류 역사에 가장 큰 영향을 끼쳤으며, 아직도 가장 큰 영향을 끼치고 있다.

오늘날에는 인터넷에 올라온 작은 글 한편이 세상을 바꾸기도 하고, 수많은 사람에게 절망을 안기기도 한다. 누군가 생각 없이 올린 글에 상처입고 자살하는 사람이 있는가 하면, 온정어린 한 줄의 글에 용기를 얻고 굳세게 살아가는 이도 많다. 이처럼 글의 힘은 강하다. 인터넷 시대에는 특히 더 강하다. 글의 힘을 느끼는 것은 글쓰기 공부 과정에서 반드시 필요하다.

글쓰기를 할 때 글이 얼마나 힘이 강한지를 충분히 느끼는 경험을 꼭 하도록 해 주기를 바란다. 역사에 큰 힘을 끼친 글을 베껴 쓰면서 그 힘을 느껴 보도록 한다. 남에게 상처를 주는 글을 읽으면서 그 글로 인해 아팠을 사람의 마음을 느껴 보고, 힘을 주는 글을 읽으면서 그 글을 읽고 얼마나 용기를 얻게 되었는지 느껴보도록 지도하는 방법도 좋다.

05 글 쓰는 식탁의 메뉴판

왜 하필이면 식탁에서 글을 써야 할까? 그 이유를 간단히 설명한 뒤 식탁에서 글을 쓰는 방법을 구체적으로 소개하겠다. 책상은 혼자만의 공간이지만 식탁은 공동의 공간이다. 온 가족이 즐겁게 모여 식사를 하는 장소다. 가장 행복하고 즐거운 장소다. 그래서 식탁에서 써야 한다. 이는 즐겁게 쓰라는 뜻이자 쓴 글을 공유하라는 뜻이다. 식탁에서 쓰는 글의 독자는 가족이다. 즐겁고 거리낌 없이 생각을 드러내고 공유하기 위해 식탁에서 글을 쓴다. 글 쓰는 식탁은 잔소리하는 공간이 아니라 글을 통해 마음을 나누고, 세상을 보는 관찰력을 기르는 공간이다. 식사를 하는 것과 마찬가지로 즐거움과 행복이 넘치는 공간이다.

식탁에 앉아 글을 쓰는 순서는 [베껴쓰기] → [글감 찾기] → [거침없이 쓰기] → [읽기] → [감상하기]다. [베껴쓰기]는 앞에서 소개했고, [글감찾기]에서는 글감을 함께 찾고, [거침없이 쓰기]에서는 3~5분 동안 빠르게 쓰고, [읽기] 과정에서는 소리 내어 읽고, [감상하기]에서는 따뜻한 독자가 되어 감상하며 마무리한다.

1단계 베껴쓰기

책에서 베껴쓰기할 곳을 찾아서 옮겨 쓴다. 최소 5분 이상, 반듯한 글씨로, 정성들여 쓴다. 자신이 작가가 된 듯한 기분으로, 자신이 창작하는 기분을 느끼도록 한다.

2단계 글감 함께 찾기

'글감'을 잘 찾으면 글쓰기의 절반은 성공한 셈이다. 자신이 쓰고 싶은 글, 쓸 내용이 많은 글감을 찾으면 웬만한 아이들도 글을 잘 쓰지만, 쓰고 싶은 글감이 아니면 아무리 실력이 뛰어난 아이도 제대로 글을 쓰지 못한다. 글감 찾기의 핵심은 '쓰고 싶은 글' 쓰기다. 그렇다고 아이에게 모두 맡기라는 뜻은 아니다. 아이가 잘 쓸 만한 글감, 흥미가 높은 글감을 찾아 주는 것이 핵심이다. 글감은 앞서 설명했던 〈살아 있는 글을 쓰는 여덟 가지 방법〉 중에서 고른다.

글감을 제시하거나 스스로 찾았더라도 글을 쓰기 전에 막막한 느낌이 드는 경우가 많다. 따라서 글을 쓰기 전에 간단하게 이야기를 나누면 글쓰기에 도움이 된다. 이때 부모가 '이렇게 써라', '저렇게 써라'하면서 글의 방향을 제시하면 안 된다. 그렇게 하면 부모 글이지, 아이 글이 아니다. 부모는 아이가 글의 실마리를 푸는 데까지만 도움을 준다. 자세한 글감 찾기 방법, 생각에 도움을 주는 말을 하는 방법은 2부에 소개하였다.

3단계 거침없이 쓰기

쓸 때는 멈추지 않고 처음부터 끝까지 바로 쓴다. 거침없이 쓸 때는 멈추지 않고 쓰는 것이 가장 중요하다. 지우개는 쓰지 않아야 하며, 중간에 생각을 하기 위해 멈추는 일도 없어야 한다. 종이에서 펜이 떨어져도 안 된다. 손이 가는 대로, 생각이 흐르는 대로 빠른 속도로 써야 한다.

'거침없이 쓰기'는 미국의 하트웰 교수가 고안한 1분 쓰기를 발전시킨 글쓰기 훈련법이다. 하트웰 교수는 1분 동안 빠르게 글을 쓰는 훈련을 지속하면 글쓰는 실력이 놀랍도록 발전한다는 사실을 발견했다. 최근에는 각 학교나 학원에서 하트웰 교수의 글쓰기 훈련법을 적용하는 경우가 늘고 있다. 거침없이 쓰기는 1분 쓰기의 핵심 원리를 적용하는 글쓰기 훈련법이다.

거침없이 쓰기는 생각의 실타래를 풀어 내는 훈련이다. 아이들은 글을 쓸 때 머뭇거리는 경우가 많다. 글을 몇 줄 쓰고는 생각을 이어가지 못해 한참 동안 원고지를 바라본다. 거침없이 쓰기는 이러한 머뭇거림을 없애 준다. '글은 머리로 쓰는 것이 아니라 손으로 쓴다'는 말이 있다. 손에 글이 익으면 글은 저절로 나온다.

거침없이 쓰기는 원고지에 대한 두려움도 없애 준다. 대부분 아이들은 많은 원고지 분량이 과제로 주어지면 두려워한다. 몇 줄 쓰고 나면 쓸 내용이 없어서 억지로 분량을 채우기 위해 말도 안 되는 내용으로 채운다. 앞에 쓴 내용과 뒤에 쓴 내용이 따로 노는 현상도 나타난다. 거침없이 쓰기를 6개월 이상 꾸준히 연습하면 1분에 100자는 충분히 쓴다. 5분이면 500자까지도 가능하다. 초등학교 6학년에 요구하는 글쓰기가 보통 600자 내외라고 한다면 거침없이 쓰기에 능숙해진 학생은 6~7분이면 한 편의 글을 완성한다. 오래 걸려야 10분이다. 거침없이 쓰기를 오래하면 원고지 분량이 아무리 많아도 전혀 두려움이 없다.

거침없이 쓰기를 하면 글씨체가 약간 흐트러지는 단점이 있다. 이는 어느 정도 감수할 수밖에 없다. 평상시에는 단정하게 글을 쓰는 것을 권하더라도, 거침없이 쓰기를 할 때는 약간 흐트러진 글을 인정해도 좋다. 그렇다고 본인이 못 알아볼 정도는 안 된다. 누가 보더라도 제대로 읽을 만한 글씨체를 유지해야 한다.

시간은 3~5분이다. 보통 초등학생들은 3분 동안 쓰면 200~300자를 쓰고, 5분 동안 쓰면 350~450자 정도를 쓴다. 시간은 글 쓰는 아이의 상황에 맞게 선택한다. 글 내용이 넘치면 시간을 5분 정도로 하고, 쓸 내용이 많지 않으면 3분이면 충분하다. 글 쓰는 속도가 아주 느린 경우는 5분이 좋고, 글을 빠르게 쓰는 능력이 있다면 3~4분이 적당하다. 가능하면 일정한 시간을 정한 뒤에 상황이나 주제에 따라 시간을 늘리거나 줄인다. 시간은 모래시계로 측정한다. 아이에게 맞는 글쓰기 시간을 정하고 난 뒤에 그에 맞는 모래시계를 장만해서 사용하기 바란다. 모래시계가 없으면 휴대전화의 스톱워치 기능을 활용해도 좋다.

처음 한두 번 써 보면 일정 시간 동안 몇 글자 정도 쓰는지를 알 수 있다. 이를 바탕으로 글쓰기 전에 얼마 이상을 쓸 것인지 목표를 정한다. 목표는 실제 쓰는 양보다 조금 더 많게 설정한다. 목표를 정하고, 그 목표를 지속적으로 달성할 때 일정한 보상을 해 주면 의욕이 생겨서 글을 빠르게 많이 쓰려고 한다. 예를 들면 처음 한두 번 200자 정도 썼다면 230자를 목표로 한다. 그리고 세 번 연속 230자를 달성하면 피자를 사 준다고 약속한다. 이는 부모나 아이에게 모두 부담이 없으면서도, 빠르게 쓰려는 의욕이 생기게 하는 방법이다. 빨리 쓰려는 의지가 크면 거침없이 쓰기의 효과도 크다.

4단계 소리 내어 읽기

다 쓰고 난 뒤에는 아이 스스로 소리 내어 읽게 한다. 큰 목소리로 자신이 쓴 글을 당당하게 읽게 한다. 많은 아이들이 자기가 쓴 글을 남에게 들려 주는 상황을 꺼려한다. 자신감이 없기 때문이다. 누군가 평가하는 마음으로 듣는 것을 싫어하기 때문이다. 글을 잘 쓰려면 자기 글에 당당해야 한다.

소리 내어 읽을 때는 빠르지도, 느리지도 않게 누구나 알아듣게 또박또박 읽어야 한다. 소리 내어 읽는 것은 발표력을 기르는 데도 도움이 된다. 정확하게 읽을 줄 알아야 정확하게 발표하는 능력이 생긴다. 실제로 아이들에게 소리 내어 글을 읽게 하면 글을 제대로 못 읽는 아이들이 의외로 많다는 것을 알게 된다. 집에서 어려운 단어가 있는 책을 한 페이지 정도 읽게 해 보자. 아마 한 페이지 끝날 때까지 숱하게 많이 틀릴 것이다.

소리 내어 읽으면 자기 글의 어색한 점이 눈에 들어온다. 글을 쓸 때는 잘 몰랐지만 읽다 보면 어색함이 느껴진다. 특히 거침없이 쓰기를 하면 평상시 잘못 쓰는 문장 습관이 고스란히 드러나기 때문에 그릇된 습관을 고치는 데도 효과가 좋다.

무엇보다 소리 내어 읽으면 듣는 이는 평가자가 아니라 독자로서 글을 온전하게 대할 가능성이 높다. 문장을 세밀하게 살피면서 읽으면 부족한 문장이 눈에 띄지만, 귀로 듣기만 하면 세세한 문장보다는 글 전체, 아이가 하고자 하는 이야기 전체에 주목하게 된다. 그래서 아이가 말하고자 하는 바가 마음에 전해지고, 그 느낌을 독자로서 표현하기가 훨씬 쉽다.

5단계) 따뜻한 독자가 되어 반응하기

거침없이 쓰기는 생각의 짜임새, 질적인 우수함을 따지는 것이 아니라 생각의 실타래를 최대한 많이 풀어 내는 데 초점을 둔다. 다른 글도 마찬가지지만 마구잡이로, 거침없이 쓴 글을 평가자의 눈으로 보면 절대 안 된다. 독자가 되어 편안하게 감상하면 충분하다.

글쓰기 지도의 핵심은 아이들이 쓰고 싶은 글을 자유롭게 쓰게 하고, 평가자가 아니라 따뜻한 독자가 되어 감상하는 데 있다. 이 두 가지가 글쓰기 지도의 핵심이다. 그 이상의 글쓰기 지도는 필요 없다. 아니 그 이상의 글쓰기 지도는 오히려 글을 망치는 주범인 경우가 많다.

아이가 글을 소리 내어 읽고 나면 반드시 독자가 되어 감상평을 들려 준다. 들은 뒤에 바로 반응하기 어렵다면 다시 한 번 부모가 읽어도 괜찮다. 따뜻한 독자가 던지는 진솔한 말이 최고의 글쓰기 지도법임을 잊지 말아야 한다. 따뜻한 독자가 되어 반응하는 방법은 크게 다섯 가지 정도다.

첫째, 글에서 아이가 말하고자 하는 내용을 그대로 말해 준다. 아이들은 자기 마음을 알아 주면 좋아한다. 자신이 받아들여졌다고 생각한다. 어른도 마찬가지다. 이해가 먼저다. 글이 말하는 내용이 무엇인지 이해했다고 말해 주기만 해도 아이에게는 충분히 큰 격려다.

"네가 …… 을 말하려고 하는구나. 무슨 말을 하려는지 잘 알겠다."
"그러니까 사람이 어쩌지 못하는 상황이 답답하다는 말이구나. 맞아. 참 답답하지."

둘째, 글에서 가장 돋보이는 내용을 발견해 주고, 이에 대한 감흥을 전한다. 대부분의 아이들은 자신이 쓴 글에서 장점을 발견할 줄 모른다. 장점은 글을 쓴 보람이요, 계속 글을 쓰는 에너지임에도 말이다. 돋보이는 부분이나 내용을 확인한 뒤에, 이에 대한 감정을 전하는 독자가 글을 쓰는 사람에게는 가장 큰 힘이 된다.

"네가 쓴 …… 이 아빠 가슴을 참 따뜻하게 하는구나."
"부자로 살 가능성이 없다면 가난하게 살겠다고 결심하는 편이 낫다는 부분이 정말 마음에 든다. 엄마는 그런 생각을 해 보지 못했는데……. 네 글이 엄마의 생각을 넓혀 주는구나."

셋째, 글에서 가장 좋은 표현을 발견한 뒤, 그 부분이 돋보인다고 말해 준다. 내용뿐만 아니라 문장이나 표현도 독자에게 감동을 선물한다. 멋진 표현에 반응하는 독자를 접한 작가는 자신의 문장력에 자부심이 생기고, 나중에 글을 쓸 때도 좋은 문장을 쓰려고 노력하게 된다.

"…… 라고 쓴 표현이 참 기발하다."

"늙은 농부의 마디처럼 거칠고 힘차다? 정말 그렇구나. 느낌이 팍팍 와 닿는 걸."

넷째, 재미있으면 껄껄 웃는다. 재미있는 글을 읽고 재미있게 웃는 것은 글 쓴이에게 최고의 선물이다. 웃음에는 거짓이 없다.

"하하하."

"아이고 배야! 아이고, 이렇게 웃어 본 게 얼마만이냐."

다섯째, 너무 잘 썼다고 생각되면 '와우~'라고 단 한 마디만 해 준다. 정말 뛰어난 글, 아이가 썼다고는 도저히 믿어지지 않는 정도의 글이라면 감탄한다. 감탄은 말이 아니다. 몸의 언어다. 몸은 저절로 반응한다. 정말 뛰어나면 입보다 몸이 먼저 말을 한다.

"와우!"

"이런 글을 네가? 대단하네."

"이리 오렴. 이런 글을 쓴 네가 너무 사랑스러워 안아 주고 싶구나."

만화책을 싫어하게 만드는 방법

아이들은 두 종류로 나눌 수 있다. 즉, 만화만 좋아하는 아이들과 만화 외의 책도 좋아하는 아이들이다. 모든 아이들은 만화를 좋아한다. 만화는 즐거움을 선물해 준다. 누구나 만화를 즐길 권리가 있다.

문제는 만화만 좋아하는 아이들이다. 만화 외의 책도 읽게 하고 싶은데 아무리 구박을 해도, 좋은 책을 권해도 잘 읽지 않는다. 그래서 어떻게 하면 만화책을 멀리하고 문장으로 이루어진 책을 읽게 할까 고민하는 부모들이 많다. 비법은 간단하다. '시험'이다.

아이가 읽은 만화책을 부모도 읽고 시험을 본다. 이때 문제가 쉬우면 안 된다. 깊이 있게 분석하지 않으면 알기 어려운 문제, 서술형 문제, 논술형 문제를 마구 출제한다. 만화에 친구끼리 싸우는 장면이 나온다고 해보자. 그러면 이렇게 물어본다. '친한 친구 사이인데 왜 싸우게 되었을까?', '겉으로 드러난 이유와 속에 감춰진 이유는 무엇일까?' 여기까지는 비교적 쉽다. 그러나 '두 아이가 형식적으로 싸우려 하다가 진짜로 싸우게 되는데 이러한 둘의 다툼을 어떻게 볼 것인지 300자 내외로 논술하라'라는 문제를 내면 아마 기겁을 할 것이다. 틀리거나 제대로 글을 못 쓰면 당연히 엄청 구박해야 한다. 영어 시험 못 봤을 때보다 더 구박해야 한다. 결과는? 아마 몇 번 반복하지 않아도 만화 읽겠다는 소리가 쏙 들어갈 것이다.

책을 멀리하게 하는 방법은 간단하다. 책을 읽자마자 잘 읽었는지 꼬치꼬치 캐물으면 된다. "잘 읽었니?", "이게 뭐니?", "주인공이 왜 그랬니?", "갈등 구조가 뭐니?" 이런 질문을 몇 번 받고 나면 책을 멀리하는 것은 시간 문제다. 영어를 멀리하게 하는 법, 수학을 멀리하게 하는 법, 모두 동일하다.

그럼 좋아하게 하는 방법은 무엇일까? 이와 반대로 하면 된다. 좋아하면 잘하게 될 것이므로 책을 잘 읽게 하는 법, 공부 잘하게 하는 법은 의외로 간단한 셈이다.

부작용도 없고, 효과도 끝내 주는 선행학습이 있다. 바로 독서다. 독서는 최고의 선행학습이다. 선행 독서, 즉 자신의 수준에 맞지도 않는 어려운 책을 읽으면 선행학습이 된다는 뜻은 전혀 아니다. 독서가 뛰어난 선행학습 효과를 발휘한다는 말이다.

초등학교 때 역사책을 많이 읽은 아이 치고 중학교 때 역사와 사회 성적이 우수하지 않는 아이는 거의 없다. 선행학습이 되었기 때문이다. 초등학교 때 과학 책을 많이 읽으면 중학교 때 과학을 잘하고, 초등학교 때 문학책을 많이 읽으면 중학교 때 국어를 잘한다. 중학교 때 공부를 잘하게 하고 싶으면 그 과목에 관련된 책을 초등학교 때 많이 읽으면 된다. 그보다 더 좋은 선행이 없다.

고등학교 때 성적이 뛰어나기를 바란다면 어떻게 해야 할까? 중학교 때 독서 선행을 해야 한다. 중학교 때 읽은 책이 고등학교 성적으로 연결된다. 실제로 중학교 때 책을 많이 읽은 학생들은 고등학교 때가 되어 해당 과목을 너무나 쉽게 받아들인다. 거대한 지식의 호수가 형성되어 있기 때문에 학문적 폭이 넓어야만 이해가 가능한 고등학교 공부를 어렵지 않게 습득한다.

다음 단계의 공부에서 성적이 올라가기를 바라는가? 그러면 지금 책을 읽을 기회를 충분히 제공하기 바란다. 지금 당장 성적은 변화가 없겠지만 몇 년 뒤, 놀라운 변화를 목격할 것이다.

2부

4주만에 완성하는
토론과 글쓰기
실천 프로그램

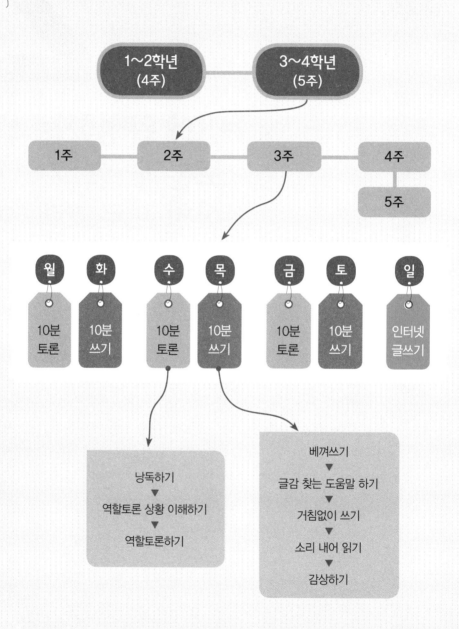

실천 연습법 전체 구성

1~2학년
(4주) — 3~4학년
(5주)

1주 — 2주 — 3주 — 4주

5주

월	화	수	목	금	토	일
10분 토론	10분 쓰기	10분 토론	10분 쓰기	10분 토론	10분 쓰기	인터넷 글쓰기

낭독하기
▼
역할토론 상황 이해하기
▼
역할토론하기

베껴쓰기
▼
글감 찾는 도움말 하기
▼
거침없이 쓰기
▼
소리 내어 읽기
▼
감상하기

토론하는 거실 진행법

책 읽기

첫 토론에 들어가기 전에 책을 다 읽는다. 얇은 책은 금방 읽지만, 두꺼운 책은 바로 읽기 힘들기 때문에 날마다 책을 읽는다. 첫 토론을 하기 전에 책 전체를 다 읽어야 토론이 원활하게 이루어진다. 아이뿐만 아니라 부모도 함께 책을 읽어야 한다. 토론을 해야 하는데 부모가 책을 읽지 않는 것은 말이 안 된다. 무엇보다 함께 읽으면 혼자 읽는다는 부담에서 벗어나기 때문에 훨씬 성실하게 책을 읽는다. 읽을 책은 미리미리 구입해서 여유 있게 읽는다.

준비물

역할토론을 하기 전에 미리 도구를 준비한다. 이때 가정에 있는 인형을 사용하면 좋다. 인형이 없으면 책에 있는 그림을 복사한 뒤 오려서 사용하거나, 손으로 그린 뒤에 사용해도 좋다. 인형 외에도 이러저러한 도구를 활용하면 역할토론이 훨씬 재미있다.

역할토론

⋯ 낭독하기

역할토론을 할 부분을 함께 낭독한다. 아이와 서로 번갈아가며 읽는다(이 책
에는 낭독할 부분을 자세히 안내해 두었다.).

⋯ 역할토론 상황 이해하기

역할토론이 진행되는 상황이 어떤지 이야기를 나눈다. 아
이가 잘 이해하지 못하면 친절히 설명해 준다. 설명한 뒤
에 어떻게 역할 배분을 할 것인지를 정한다. 역할을 정할
때는 항상 아이가 먼저 선택하게 한다.

⋯ 역할토론하기

서로 역할을 나누어 토론을 한다. 자신의 처지가 아니라
역할을 맡은 인물의 처지가 되어 말한다. 목소리와 말투도
맡은 인물에 맞게 선택한다. 토론을 충분히 했으면 마무
리한다. 결론을 내리거나 승부를 결정지으려 하지 않는다.
당연히 평가도 필요 없고, 내용을 별도로 정리할 필요도
없다. 토론을 즐겁게, 충분히 했다고 생각하면 마무리한다.

:: 각 토론 주제마다 〈역할토론 예시〉를 소개해 두었다. 실제 아이들이 토론한 내용, 역
할토론을 할 때 사용할 수 있는 핵심적인 논리를 담아 두었으므로 참고하기 바란다.
토론은 살아 있는 생물이므로 꼭 여기서 소개한 논리대로만 끌고 갈 필요는 없다.

글 쓰는 식탁 진행법

베껴쓰기

베껴쓰기는 글쓰기 훈련이며, 손 풀기다. 무엇보다 베껴 쓰는 것은 깊이 있는 책읽기며, 독서의 연장이다. 5분 이상 시간을 정해 두고 베껴 쓰기를 한다. 이 책에는 어떤 부분을 베껴 쓰면 좋은지를 제시해 두었으므로 이에 따른다. 베껴쓰기할 부분은 거침없이 쓰기와 연관성이 있도록 하였다.

함께 글감 찾기

어떤 글을 쓸 것인지 '글감'을 제시해 두었다. '글감'이 나왔다고 글을 쓰지 않는다. 〈부모의 도움말〉 코너에 있는 말을 참고하여 아이가 글을 쓰기 전에 생각을 펼치도록 해 준다. 도움말은 생각의 방향을 도와주는 역할에 머물러야 하며, 구체적으로 어떻게 쓰라고 지시해서는 안 된다. 아이들이 '이것 써도 돼요?' 하고 물어보면 글은 온전히 자기 양심과 자유에 따라 쓰면 된다는 점을 강조해 준다. "글쓰기는 자유다. 연필을 든 사람이 글의 주인이다."

거침없이 쓰기

❶ 3~5분 동안 원고지에 쓴다.

❷ 몇 분을 쓸 것인지는 아이의 수준에 맞게 정한다.

❸ 정해진 시간 동안 몇 글자 정도를 쓸 것인지 목표를 정한다.

❹ 목표에 따라 간단한 상을 걸어도 좋다.

❺ 모래시계나 스톱워치를 준비해서 시간을 측정한다.

❻ 글쓰기를 시작하면 처음부터 끝까지 멈추지 않고 쓴다.

❼ 지우개도 사용하지 않으며, 맞춤법에 어긋나도 고치지 않는다.

❽ 정 고치고 싶으면 다 쓴 뒤에 고친다.

❾ 시간이 다 되면 오늘 쓴 글쓰기 분량을 적는다.

❿ 혹시 더 쓰고 싶다고 하면 글쓰기 분량을 적은 뒤에 쓰고 싶을 때까지 쓰게 한다.

소리 내어 읽기

❶ 자신이 쓴 글을 또박또박 읽는다.

❷ 글의 분위기나 내용에 맞게 고저장단, 적절한 감정을 담아 읽는다.

:: 이 책에는 어떤 목소리로, 어떤 방법으로 읽는지 간단히 안내해 두었으므로 참고하기 바란다.

감상하기

감상의 핵심은 지도나 수정이 아니라 '반응'이다. 지도하려는 마음을 버려야 한다. 잔소리하고픈 마음도 버린다. 맞춤법이 틀렸다고, 이런 표현이 더 낫다고 고쳐서도 안 된다. 오직 반응만 하기 바란다. 따뜻한 독자가 되어 반응하는 것이 최선의 글쓰기 지도임을 명심하기 바란다.

가능하면 들은 뒤에 바로 이야기한다. 이때 표정이나 동작도 중요하다. 본심은 말보다 몸을 통해 전해진다. 아이가 읽은 글을 듣고 바로 반응하기가 어려우면 아이가 쓴 글을 부모가 직접 읽은 뒤에 감상을 들려 준다. 글감에 따라 부모의 반응 원칙과 실제 사례는 2장 〈5. 글 쓰는 식탁의 메뉴판〉에 소개하였다. 각 글 주제에 따라 어떻게 반응하는 것이 적절한지 구체적인 예를 실천법에 소개해 두었으므로 참고하기 바란다.

비평가가 되기보다는 독자가 되는 것이 훨씬 쉽다. 물론 진심을 다해 듣고, 진심을 다해 아이의 글을 읽는 것이 결코 쉬운 일은 아니다. 그래서 애정과 정성이 필요하다. 글쓰기 지도를 할 때 가장 필요한 것은 '기술'이 아니라 '사랑'과 '정성'이다.

인터넷 글쓰기

❶ 매주 일요일은 인터넷 글쓰기를 한다. 이 책에는 다양한 형식으로 인터 넷 글쓰기를 하는 방법을 안내해 두었다. 학년별로 구분을 했지만 별 의 미가 없으므로, 자녀 수준과 상황에 맞게 선택해서 실천한다.

❷ 자신만의 글을 올리고, 자료를 보관하는 블로그를 꼭 운영해 보기를 권 한다. 블로그는 아이가 꾸며 나가는 열린 공간이다.

지저분한 책이 진짜 책

깨끗한 책보다 지저분한 책이 진짜 책이다. 대부분의 아이들은 책을 읽으면서 책에 아 무런 흔적을 남기지 않는다. 내가 흔적을 남기지 않은 책은 나에게도 흔적을 남기지 않 는다. 정말 마음에 와 닿는 책을 읽다 보면 귀퉁이를 접거나, 밑줄을 긋거나, 메모를 한 다. 때로는 좋은 문장을 옮겨 적기도 한다. 너무나 자연스런 행동이다. 흔적을 남기고 싶 은 마음은 인간의 본능이다. 책은 본능에 따라 읽어야 한다.

책을 읽으면 자연스럽게 하는 행동을 꼭 해야 한다고 강조하는 것은 그만큼 아이들이 건성으로 책을 읽고 있기 때문이다. 도서관에서 빌린 책이면 깨끗하게 보고 돌려 주어 야겠지만, 자기 책이라면 반드시 지저분하게 읽어야 한다. 밑줄과 메모를 남기면 그 책 은 세상에 단 하나밖에 없는 자기만의 책이 된다. 하나밖에 없는 책을 만들고 싶다면, 그 책이 마음속에 머물게 하고 싶다면 책을 지저분하게 읽어야 한다.

학년별 구성

❶ 한 달 연습 과정이다. 여기에 소개하는 책을 읽고 충분히 연습을 해 보기 바란다. 실천법에 따라 한 달 정도 연습하면 부모 스스로의 힘으로 토론과 글쓰기 지도를 하는 데 아무런 무리가 없을 것이다.

❷ 1~2학년은 이틀에 책 한 권이다. 한 권을 읽고 하루는 토론, 하루는 글쓰기를 한다.

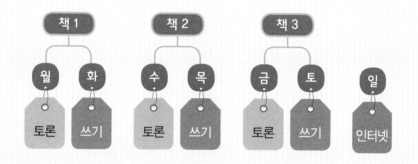

❸ 3~4학년은 일주일에 책 한 권이다. 한 권을 읽은 뒤 토론하고, 글쓰기를 한다. 한 권의 책에서 토론 주제 세 가지, 글쓰기 주제 세 가지를 뽑았다.

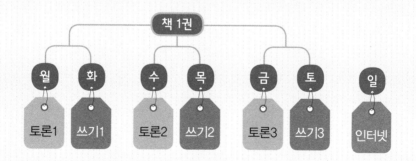

유의사항

❶ 1~2학년에서는 그림책을 여러 권 포함했다. 그림책은 중·고등학생뿐 아니라 어른이 되어 읽어도 좋다.

❷ 독후감 쓰기는 식탁에 올리지 않는다. 억지 글이 되기 쉽기 때문이다. 웬만하면 독후감 쓰기는 '글 쓰는 거실'과는 별개로 하기 바란다.

❸ 보통 3~4학년은 일주일에 두 권 정도까지는 충분히 읽고 토론이 가능하다. 따라서 이 책에서 소개하지 않은 책을 활용하여 계속 토론하는 거실, 글 쓰는 식탁을 실천할 때는 일주일에 두 권을 권한다.

 손 글씨 편지, 감성이 살아 있는 글

메일, 소셜 미디어, 스마트폰 등 빠른 의사소통 수단이 생기면서 편지가 사라지고 있다. 우체통에 쌓이는 편지는 개성이라고는 없는 인쇄물이다. 우표가 붙은 편지도 찾아보기 어렵다. 요즘 편지에는 얼굴이 없고 향기도 없다.

사랑하는 친구, 보고 싶은 사람에게 손 글씨로 편지를 쓰는 건 어떨까? 편지글에는 온기가 있고, 향기가 나며, 개성이 넘치고, 감성이 풍성하다. 무엇보다 편지글은 글쓰기의 본래 목적이 무엇인지 분명하게 깨닫게 한다. 글의 본질은 평가의 수단도 아니며, 정보 전달과 습득을 위한 수단도 아니다. 글은 마음과 마음을 이어 주는 오작교다. 편지글을 쓰면 글의 본질을 깨닫게 되고, 글 쓰는 보람을 느낀다.

기회가 될 때마다 편지글을 쓰도록 해 보자. 아이에게만 시키지 말고 부모도 그리운 사람, 보고 싶은 사람, 사랑하는 사람에게 편지글을 써 보자. 아이와 함께 편지 글을 쓰면 가정에 온기와 향기가 더욱 넘쳐난다.

❶ 거침없이 쓰기는 원고지 노트에 한다. 쓰기 전에 날짜, 책 제목, 글쓰기 주제를 쓴다. 거침없이 쓰고 난 뒤에는 오늘 쓴 글쓰기 분량을 기록한다.

❷ 노트는 별도로 준비한다. 베껴쓰기할 노트는 원고지 노트보다 백지 노트가 좋으며, 책 제목, 지은이, 페이지를 먼저 기록한다. 베껴쓰기는 최대한 바른 글씨로 하며, 베껴쓰기한 노트를 꾸준히 모으면 나중에 훌륭한 글쓰기 교범이 된다.

❸ 집에 있는 인형 중에서 토론에 사용할 만한 것을 준비한다. 만약 적당한 인형이 없으면 책을 복사한 뒤에 오리거나, 직접 그려서 사용한다. 주제나 상황에 따라 적절한 소품도 준비한다.

3장
초등 1~2학년의 실천법
:즐거운 생각을 나누게 하자 :

초등 1~2학년은 토론이라기보다 역할놀이, 역할극에 더 가깝다. 물론 책 내용에서 논쟁할 부분이 나오면 역할토론도 진행한다. 1~2학년 학생들과는 재미있고, 즐겁게 생각을 나누는 과정에 주목적을 두어야 한다. 초등 1~2학년 중에는 200~300자 정도의 글을 힘 있게 쓰는 아이들도 있지만, 한두 줄 정도만 겨우 쓰는 아이들도 많다. 글쓰기 힘이 부족한 아이들의 경우 아이가 글을 쓰면 부모가 아이 글에 덧붙여 대화로 글을 이어나가는 방법을 사용한다. 대화글을 쓰면 글의 길이가 길어지고, 글 쓰는 힘이 자연스럽게 생긴다.

첫째 주

1 week

책읽기

겁쟁이 빌리

(앤터니 브라운 글 · 그림, 비룡소 펴냄, 그림책)

모자, 신발, 구름, 비 등 수많은 걱정으로 잠을 못 이루는 겁쟁이 빌리. 어느 날 할머니에게 걱정 인형을 선물 받은 뒤 걱정에서 벗어난다. 이쯤에서 이야기가 끝나면 그저 평범한 그림책이었을 텐데 앤서니 브라운은 아이다운 상상과 따스함이 무엇인지 보여 주며, 생각지도 못한 방향으로 이야기를 전개한다.

Mon day ▶ **겁쟁이 빌리 _ 토론하는 거실**

낭독하기

토론을 하기 전에 책을 소리 내어 읽는다. 분량이 얼마 안 되므로 처음부터 끝까지 소리 내어 읽은 뒤에 토론한다. 한 페이지씩 아이와 부모가 번갈아 읽는다. 빌리 기분에 맞추어 다른 색깔의 목소리를 낸다. 글에는 감정을 담아야 한다.

역할토론 상황 이해하기

빌리는 걱정 인형에게 걱정을 털어놓으면서 걱정에서 벗어난다. 역할놀이는 빌리(또는 아이)와 걱정 인형이 나누는 대화 형식으로 진행한다. 이번 역할토론은 여러 단계를 거치므로 단계를 거칠 때마다 역할토론 방법을 아이에게 자세히 설명한다.

역할토론 진행법 및 예시

첫 단계

아이가 빌리 역할을 하고 걱정 인형은 부모의 손가락이 한다. 손가락에 인형 얼굴을 그리거나, 조그만 종이로 걱정 인형을 만들어도 좋다. 아이는 빌리가 되어 빌리가 하는 걱정을 걱정 인형에게 털어놓는다. 걱정 인형은 빌리의 걱정을 위로하지 않고 "그런 걱정을 하는구나."하며 충실히 듣기만 한다.

> 빌　　리(자녀)　　"비가 너무 많이 와서 내 방이 물에 잠길까 봐 걱정이야."
>
> 걱정 인형(부모)　　"비가 너무 많이 와서 네 방이 물에 잠길까 봐 걱정하는구나."

둘째 단계

걱정 인형은 빌리에게 들은 걱정을 마치 자신의 걱정인 것처럼 꾸며서 빌리에게 털어놓는다. 그러면 빌리는 걱정 인형을 위로하거나 함께 걱정을 해 준다.

> 걱정 인형(부모)　　"난 비가 너무 많이 와서 이 방에 물이 꽉 찰까 걱정이야."

| 빌   리(자녀) | "우리 집은 비가 많이 와도 잠기지 않을 거야. 그리고 그렇게 비가 많이 오면 물에 잠기기 전에 내가 구해 줄 테니까 안심해." |

 빌리는 여러 걱정을 한다. 빌리가 하는 걱정 몇 가지를 사용하여 첫 단계와 둘째 단계를 3~4번 반복한다.

셋째 단계

이번에는 아이가 진짜 자신이 하는 걱정을 걱정 인형에게 털어놓는다. 걱정 인형은 아이의 걱정을 위로하지 않고 "그런 걱정을 하는구나."하며 충실히 듣기만 한다.

| 자   녀 | "다음 달에 그림 그리기 대회가 있는데 너무 걱정이야." |
| 걱정 인형(부모) | "다음 달에 그림 그리기 대회에 나가는 것이 걱정이구나." |

넷째 단계

걱정 인형이 아이에게서 들은 걱정을 마치 자기 걱정인 것처럼 꾸며서 아이에게 들려 준다. 걱정을 들은 아이는 걱정 인형을 위로하거나 함께 걱정해 준다.

걱정 인형(부모)	"다음 달에 그림 그리기 대회에 나가야 하는데 잘하지 못할까 봐 걱정이야."
자 녀	"그래도 관중 앞에서 하는 공연은 아니잖아."
걱정 인형(부모)	"그러네. 공연보다는 훨씬 덜 떨리겠구나."

Tuesday 겁쟁이 빌리 _ 글 쓰는 식탁

베껴쓰기

이 책 중에서 가장 마음에 드는 부분을 베껴 쓴다. 최소 5분 동안 베껴 쓰고, 더 하고 싶으면 충분히 시간을 준다. 차분한 마음으로 문장과 내용을 음미하면서 쓴다. 베껴쓰기는 속도가 아니라 꼼꼼함이 중요하기 때문에 문장이 손끝에 충분히 젖게 한다.

함께 글감 찾기

···▶ **글감 : 인형으로 오감쓰기**

부모의 도움말

"『겁쟁이 빌리』에 걱정 인형이 나오네. 그리고 보니 너도 인형이 꽤 있지? 네 인형에 대해 글을 써 볼까? 네가 좋아하는 인형을 책상 위에 다 모았어. 인형 모양이나 자세는 네가 원하는 대로 하렴. 멋지구나. 이제 가만히 눈으로 관찰해 봐. 어떤 인형들이 모여 있는지, 생김새와 색깔은 어떤지, 어떤 동작을 취하고 있는지 관찰하는 거야. 만져 보기도 해. 어떤 느낌이 드니? 인형들마다 느낌이 조금씩 다르지? 냄새를 맡아 봐. 그리고 인형을 만질 때 어떤 소리가 나는지, 또는 소리 나는 인형은 어떤 소리를 내는지 들어 보렴. 혹시 인형이 너에게 말을 걸지는 않니? 인형이 말하는 소리가 들리는지 귀 기울여 봐. 귀보다는 마음으로 들릴 거야. 이제 마지막으로 가장 아끼는 인형에게는 입을 맞춰 주렴. 어떤 느낌인지 기억해. 충분히 느꼈으면 글을 쓰자. 눈, 손, 코, 입, 귀로 느낀 것을 그대로 거침없이 쓰렴. 네 마음대로."

거침없이 쓰기

시간과 목표 분량을 정한 뒤에 멈추지 않고 빠르게 쓴다. 글쓰기 분량이 충분하면 바로 소리 내어 읽게 하고, 만약 글 쓰는 힘이 부족하면 대화글을 통해 내용이 덧붙여지도록 한다. 대화글에서 부모가 쓸 내용은 '글감 찾기'에서 했던 도움말들이다. 글 내용 중에서 더 자세히 쓰면 좋을 부분을 찾아서 덧붙이도록 지도한다.

> 부모 도움글　　"곰 인형이나 사자 인형이 서 있다고 했는데, 여기 없는 사람은 서로 어떤 동작을 하며 서 있는지 궁금하겠다."

소리 내어 읽기(자녀)

자신이 쓴 글을 크고 당당한 목소리로 읽는다. 만약 대화글을 썼다면 부모가 쓴 부분도 읽는다. 이때는 또박또박, 적절한 속도로 읽도록 지도한다.

감상하기(부모)

따뜻한 독자가 되어 감상한다. 독특한 표현이나 기발한 묘사가 있으면 멋진 감탄사를 터트린다. "멋진 걸! 밀림을 떠난 지 오래된 사자처럼 앉아 있다는 표현이 독특하고 기발하다."

까마귀의 소원

(하이디 홀더 글·그림, 도서출판 마루벌 펴냄, 그림책)

늙은 까마귀는 반짝반짝 빛나는 것을 모으기 좋아
한다. 어느 날 늙은 까마귀는 사냥꾼이 쳐 놓은 덫에
걸린 백조를 구한다. 백조는 은혜에 보답하기 위해
소원을 들어 주는 별가루를 까마귀에게 선물한다.
까마귀는 젊고 튼튼한 까마귀가 되고, 부자도 되며,
아내도 얻는 소원을 빌어야겠다며 마냥 기뻐한다.
이루려는 소원이 간절했음에도 늙은 까마귀는 집으
로 돌아가는 길에 이루지 못하는 소원에 슬퍼하는
숲속 친구들에게 별가루를 하나씩 선물한다. 자신의

소원을 빌 별가루도 남기지 않은 채 모두 친구들에게 준다. 별가루를 선물 받은 친구들
은 자신들이 간절히 원하던 소원을 이루고는 기뻐한다. 까마귀는 친구들이 기뻐하는 모
습을 담담하게 지켜볼 뿐이다.

Wednesday 까마귀의 소원 _ 토론하는 거실

낭독하기

백조가 은혜를 갚기 위해 까마귀에게 별가루를 준 장면부터, 까마귀가 생
쥐, 개구리, 토끼에게 별가루를 나누어 주는 장면까지 낭독한 뒤에 토론한
다. 부모와 자녀가 한 페이지씩 나누어 읽는다. 까마귀의 따스함과 숲속 친
구들의 기쁨을 낭독에 실어 본다.

역할토론 상황 이해하기

❶ 소원을 이루게 하는 별가루를 친구들에게 모두 주지만, 아마 마음속으로는 까마귀도 갈등이 심했을 것이다. 코믹 영화를 보면 주인공이 갈등할 때 주인공 머리 위에 한쪽에는 빨간 천사, 한쪽에는 하얀 천사가 나타나 서로 주인공을 설득하는 장면이 나온다. 오늘의 역할토론 상황은 친구를 도와주고자 하는 하얀 까마귀 천사와 친구를 도와주지 말자고 말하는 빨간 까마귀 천사의 논쟁이다. 하얀 까마귀와 빨간 까마귀가 대결을 벌인다.

❷ 대부분의 사람은 자기 몫을 남겨 두고 남을 돕는 법인데, 자기 몫까지 모두 포기하고 남을 도와주는 까마귀의 마음은 정말 특별하다. 역할토론을 통해 이러한 까마귀의 마음을 조금이나마 이해하기를 바란다. 하얀 까마귀 천사 역할을 아이가 할 경우 역할을 수행하기가 쉽지 않다. 자신이 할 말이 많은 역할을 아이가 먼저 선택한다. 조금밖에 토론하지 않았는데도 말문이 막히면 중간에 서로 역할을 맞바꾸어 진행한다.

역할토론 예시

빨간 까마귀 천사(자녀)	"나한테 하나밖에 없는 별가루를 친구들에게 나눠 주다니 말도 안 돼."
하얀 까마귀 천사(부모)	"친구들의 모습이 너무 안타깝지 않니?"
빨간 까마귀 천사(자녀)	"들쥐와 두꺼비한테 준 것은 그래도 봐 줄 만 해. 토끼 아가씨한테까지 다 줘 버리면 너한테는 아무것도 안 남잖

아. 너에게는 간절한 소원이 있잖아."

하얀 까마귀 천사(부모)   "물론 내 소원은 간절해. 그리고 토끼 아가씨의 안타까운
모습을 그대로 두고 볼 수 없잖아."

빨간 까마귀 천사(자녀)   "안타깝기는 해. 그리고 아무리 그래도 자기 자신을 챙겨
야 하지 않을까?"

하얀 까마귀 천사(부모)   "난 누군가를 돕는 것이 기뻐."

웬만한 어른도 까마귀의 마음을 온전히 이해하기는 쉽지 않다. 친구를 위
해 자신의 간절한 소원마저 포기하는 까마귀를 생각하며 나눔의 의미, 우
정의 의미를 아이와 함께 생각해 보기 바란다. 토론을 하기 전에, 또는 토론
을 끝낸 뒤에 아이 스스로 남에게 무언가를 줄 때 어떤 기분이었는지 이야
기를 나누어 보면 까마귀 마음이 조금 더 가깝게 와 닿을 것이다.

 까마귀의 소원 _ 글 쓰는 식탁

베껴쓰기

이 책 중에서 가장 마음에 드는 부분을 베껴 쓴다. 최소 5분 동안 베껴 쓰고,
더 하고 싶으면 충분히 시간을 준다. 차분한 마음으로 문장과 내용을 음미
하면서 쓴다.

함께 글감 찾기

→ 글감 : 누군가에게 내 것을 준 경험, 또는 받은 경험 쓰기

부모의 도움말

"넌 누군가에게 선물을 한 경험이 있니? 누구에게 무엇을 주었어? 그것을 주고 기분이 어땠는데? 아빠도 엄마에게 선물을 줄 때 기분이 좋았어. 엄마가 선물을 받고 너무 기뻐했거든. 넌 누군가에게서 선물을 받고 행복한 적 있었니? 선물 받으면 정말 기쁘지. 네가 선물을 준 경험, 네가 선물을 받은 경험을 있는 그대로 써 보렴. 아빠는 네가 어떤 경험을 했는지 궁금해."

거침없이 쓰기

경험은 가장 좋은 글감이다. 자신이 겪었던 구체적인 상황과 장면, 그때의 기분을 다시 한 번 떠올린다. 무엇을 쓸 것인지를 정했으면, 시간과 목표 분량을 정한다. 일단 쓰기 시작하면 맞춤법이 틀려도 지우개를 사용하지 않는다. 연필을 종이에서 떼지 않고 쓴다.

소리 내어 읽기(자녀)

선물을 준 기쁨, 선물을 받은 기쁨이 드러나도록 읽는다.

감상하기(부모)

따뜻한 독자가 되어 감상한다. 특히 이런 글을 감상할 때는 글 속에 담긴 자녀의 따스한 마음을 읽는 데 중점을 두어야 한다. "그래, 참 행복했겠다.", "역시 마음을 담은 선물은 물건뿐만 아니라 행복도 선물해 줘."

엉뚱이 소피의 못 말리는 패션

(수지 모건스턴 글 · 그림, 비룡소 펴냄)

소피는 남과 다른 특이한 옷을 입는다. 남과 똑같은 신발, 남과 똑같은 양말은 절대 신지 않는다. 좌우 균형을 맞추어 입는 패션도 싫어한다. 오른쪽과 왼쪽이 다르고, 위와 아래가 완전히 다른 옷을 좋아한다. 이런 소피 때문에 선생님들은 걱정이 정말 많다. 소피 부모님은 소피의 패션을 지지했지만 단정하게 옷을 입어 주기를 바란다. 그래서 '정상적인 옷'을 사주지만, 소피는 그 옷을 입고는 엉뚱하게도 머리와 손을 멋지게 꾸미며 역시 개성만점의 패션으로 학교에 간다. 결국 소피는 정신과 전문의의 상담을 받기에 이른다. 그리고 마지막 반전이 정말 재미있는데, 소피가 무엇을 원하는지 잘 보여 준다.

Friday 엉뚱이 소피의 못 말리는 패션 _ 토론하는 거실

낭독하기

반에서 소피가 괴상한 아이로 통한다는 이야기(12쪽)부터 소피의 담임 교사 필리베르와 소피 부모가 편지를 나눈 장면(19쪽)까지 낭독한다. 부모와 자녀가 한 문단씩 나누어서 읽는다. 편지 부분은 한 사람이 읽는다.

역할토론 설명하기

❶ 소피의 옷차림 때문에 소피의 담임인 필리베르 선생님이 소피 부모님께 편지를 보낸다. 필리베르 선생님은 편지에서 소피가 학교 규칙을 어기고 있다면서 생활 지도를 해달라고 부탁한다. 소피 부모님은 필리베르 선생님께 소피의 옷차림은 별 문제가 아니며, 교육은 창의성을 기르는 데 도움을 주어야 한다면서 선생님의 요구를 거절한다.

❷ 한쪽은 소피의 담임인 필리베르 선생님 역할을 하고, 한쪽은 소피의 부모님 역할을 한다. 자기가 입고 싶은 옷을 마음대로 입고, 꾸미고 싶은 대로 마음껏 꾸미고 학교에 가는 소피의 행동에 대해 서로 역할을 나누어 토론한다.

역할토론 예시

필리베르 선생님 "소피는 정말 이상한 아이입니다."

소피의 부모님 "우리 소피는 옷차림이 조금 독특할 뿐, 전혀 이상한 아이가 아닙니다."

필리베르 선생님 "바로 옷차림이 문제입니다. 학교에 올 때는 단정한 옷차림으로 와야 합니다."

소피의 부모님 "학교에 단정한 옷차림으로 가야 한다고 하시네요. 그리고 소피의 옷차림은 남에게 피해를 주지 않아요. 그러니 소피가 자유롭게 옷을 입어도 괜찮다고 생각합니다."

필리베르 선생님 "피해를 주지 않는다고 생각하시네요. 제 생각은 다릅니다. 소피의 옷 때문에 많은 아이들이 피해를 입고 있습니다. 아이들이 소피 옷을 보느라 학습 분위기가 흐트러져요."

소피의 부모님 "분위기가 흐트러진다고 하시네요. 그리고 아이들이 개성 넘치는 옷을 입고 오는 것을 허락하면 왜 소피 옷에만 신경을 쓰겠습니까?"

필리베르 선생님 "모두 허락하라는 말씀이군요. 그리고 모두 허락하면 아마 학교에 난리가 날 겁니다."

소피의 부모님 "처음은 그럴지 모르죠. 그리고 조금만 지나면 금방 시들해질 것입니다. 금지하면 더 하고 싶은 것이 아이들 마음이니까요."

 엉뚱이 소피의 못말리는 패션 _ 글 쓰는 식탁

베껴쓰기

소피만의 두드러진 행동이나 사고방식이 엿보이는 부분(24~31쪽)을 베껴 써 보기를 권한다. 소피가 독특한 방식으로 옷을 고르고, 학교 가는 길에 세상을 세밀하게 관찰하고 느끼는 장면이다. 특히 소피가 세상을 보는 법은 어른도 눈여겨볼 만하다. 아무 감흥 없이 주위 풍경을 대하는 요즘 아이들과 모든 것을 신기하게 여기는 소피를 견주어보면 무엇이 올바른 교육인지 생각하게 된다.

함께 글감 찾기

···› 글감 : 소피에게 우리 가족 옷차림 소개하기

부모의 도움말

"엄마는 소피가 옷을 고르는 장면, 그리고 독특함 옷차림을 묘사한 장면이 특히 끌렸어. 남과 다르게, 특별하게 옷을 입는 것을 좋아하는 소피에게 우리 가족의 옷차림을 소개해 주자. 네가 보는 우리 가족 옷차림을 글로 쓰는 거야. 엄마는 주로 어떤 스타일이지? 아빠는? 그리고 너는? 그러고 보니 나도 내 옷차림을 꼼꼼하게 살펴본 기억이 없네. 이번 기회에 자세히 살펴보아야겠다."

거침없이 쓰기

시간과 목표 분량을 정한 뒤에 멈추지 않고 빠르게 쓴다. 소피에게 보내는 편지라는 점, 옷차림을 그림 그리듯이 자세히 그려 보거나, 특징을 잡아 내야 한다는 점을 염두에 두고 글을 쓴다. 이런 글을 쓸 때는 이미지를 자세히 떠올려야 한다. 이미지가 명확해야 글도 명확하다.

소리 내어 읽기(자녀)

소피가 잘 알아듣도록 또박또박 읽는다.

감상하기(부모)

만약 자신이 소피라면 '가족 옷차림'을 소개한 편지를 받고 어떤 반응을 보였을지를 이야기한다. "소피가 편지를 받으면 참 평범하고 개성 없는 옷차림이라고 하겠다." 전혀 생각지도 못한 특징을 잡아 내거나, 기발한 묘사를 발견하면 그 기쁨을 크게 표현한다. "어머, 엄마 옷차림이 그랬단 말이야? 나도 몰랐네." "맞아, 맞아! 아빠는 정말 그런 옷을 좋아하지."

Sun day 인터넷 글쓰기 _ 쓰고 싶은 대로 쓰기

❶ 인터넷에 올리는 글은 다른 사람들이 읽는 글이다. 그리고 잘못 쓴 글은 다른 사람에게 큰 악영향을 끼치고, 좋은 글은 누군가에게 큰 힘을 준다. 인터넷에 올리는 글이 어떤 영향을 끼치는지 충분히 설명한다. 인터넷 에서는 책임 있는 글쓰기가 가장 중요함을 자세한 예를 들어 설명한다. 설명한 뒤에는 아이가 쓰고 싶은 내용을, 쓰고 싶은 곳에 쓰게 한다.

❷ 인터넷 글쓰기는 정보화 시대에 있어서 가장 일반적인 글쓰기 중 하나 이다. 작은 글 한편이 얼마나 큰 힘을 발휘하고, 큰 영향을 끼치는지 가 르치는 것이 인터넷 글쓰기를 하는 진정한 목적임을 명심하기 바란다.

둘째 주 2week

에드와르도(세상에서 가장 못된 아이)

(존 버닝햄 지음, 비룡소 펴냄, 그림책)

에드와르도는 가끔 물건을 발로 걷어차고, 가끔 떠들고, 가끔 아이를 못살게 군다. 에드와르도가 그럴 때마다 주위 어른들은 "버릇없고, 시끄럽고, 심술궂다"라고 말한다. 그러다 보니 에드와르도는 어른들이 말한 것처럼 더욱 '버릇없고, 시끄럽고, 심술궂은' 아이로 변해 간다. 어느 날 어른들이 다르게 반응하자 전혀 다른 아이가 된다. 개에게 심술을 부렸는데 개를 씻겨 주어서 고맙다는 인사말을 듣자 애완동물을 씻겨 주는 일을 재미있게 한다. 한 아이를 밀쳤는데 그 아이를 위험에서 벗어나게 해 주었다며 칭찬을 받자 다른

꼬마 아이들을 돌볼 줄 아는 아이로 바뀐다. 이런 칭찬과 격려가 반복되자 에드와르도는 사랑스런 아이로 바뀐다. 물론 여전히 에드와르도는 어수선하고, 사납고, 지저분하고, 방도 어지럽히는 아이다. 그리고 에드와르도는 주위 어른의 사랑을 듬뿍 받으며, 스스로 사랑스런 행동을 하는 멋진 아이이기도 하다.

 Monday 에드와르도(세상에서 가장 못된 아이) _ 토론하는 거실

낭독하기

한 장씩 번갈아가며 읽는다. 심통을 내는 부분은 심통을 내면서 읽고, 명랑한 부분은 밝은 목소리로 읽는다. 길지 않은 그림책이므로 처음부터 끝까

지 소리 내어 읽는다.

역할토론 상황 이해하기

❶ 에드와르도는 늘 같은 행동을 하는 아이였다. 그런데 에드와르도를 부
정적으로 평가하자 실제 못된 아이가 되었고, 에드와르도의 행동을 긍
정적으로 바라보거나, 따뜻하게 대해 주는 어른들을 만나자 에드와르도
는 사랑스런 아이가 된다. 문제는 아이의 행동이 아니라 아이의 행동을
바라보는 어른의 시선이었다.

❷ 에드와르도 놀이를 해 보자. 에드와르도 놀이란, 똑같은 행동을 하는데
한 번은 야단을 치고, 한 번은 에드와르도 이야기에 나온 것처럼 긍정적
으로 바라보는 말을 해 주는 것이다.

역할토론 진행법 및 예시

❶ 에드와르도 놀이를 다음과 같은 방법으로 진행한다.

[부정]

| 아   이 | "제가 방금 방바닥에 물을 엎질렀어요." |
| 삐딱 어른 | "넌 도대체 어떻게 된 아이가 그렇게 조심성이 없니?" |

[긍정]

| 아   이 | "제가 방금 방바닥에 물을 엎질렀어요." |
| 방긋 어른 | "오! 방 청소를 깨끗하게 하려고 하는구나." |

❷ 한쪽은 말썽부리는 상황을 제시하는 말을 하고, 한쪽은 반응을 하는 말을 식으로 해도 좋고, 실제 연극처럼 한쪽은 말썽부리는 행동을 하고 다른 쪽은 반응을 하는 식으로 해도 좋다. 그런데 실제로 해 보면 '삐딱 어른 역할'은 매우 쉽지만, '방긋 어른 역할'은 몹시 어렵다는 것을 알 수 있다. 만약 '방긋 어른 역할'을 하는 이가 어떻게 말해야 할지 고민이 되면 함께 의논을 해서 가장 적당한 응답을 만들어 보는 것도 좋은 방법이다.

> 아 이   "제가 상황을 이야기할게요. 음~. 에드와르도가 방을 심하게 어지럽혀 놓았어요. 방긋 어른 역할을 하는 어른이 뭐라고 하면 적당할까요?"
>
> 엄 마   "내 생각에는…… '재미있게 놀고 있구나, 에드와르도' 라고 말하면 적당할 것 같은데……."
>
> 아 빠   "그러면 계속 지저분할 텐데. 아마 절대 치우지 않을 거야. 그것보다는 '청소를 하려고 모두 꺼내 놓았구나, 에드와르도'가 낫겠어."
>
> 아 이   "난 그냥 엄마 아빠가 와서 신나게 같이 놀았으면 좋겠어. 함께 어지럽히면서. 그러니까 '나랑 같이 놀려고 하는구나, 에드와르도'라고 하는 것이 좋아."

❸ 실제로 해 보면 알겠지만 이 역할놀이는 아이를 위한 놀이가 아니라 어른들을 위한 놀이다. 아이는 말썽을 부리기도 하고, 착한 일을 하기도 한다. 중요한 것은 그 아이가 언제나 사랑스러운 우리 아이라는 사실이다.

베껴쓰기

공감이 많이 가는 부분을 선택하여 베껴 쓴다. 그림책을 베껴 쓸 때는 그림과 글을 함께 보아야 한다. 표정과 말을 어떻게 연결하는지, 장면을 어떤 식으로 표현하는지 느끼면서 쓴다.

함께 글감 찾기

⋯→ 글감 : 야단맞을 때, 칭찬 들을 때 자기 몸 느껴 보고 글쓰기

부모 도움말

준비물 : 거울

"오늘은 야단맞을 때와 칭찬을 들을 때 네 몸이 어떻게 달라지는지 써 보자. 어때 재미있겠지? 먼저 야단을 맞았다고 생각해 봐. 최근에 엄마한테 야단맞은 기억을 떠올려. 거울을 보렴. 표정이 어때? 손과 발은 어떤 느낌이 드니? 어깨는? 허리는? 어떤 소리가 들려? 그리고 입과 코에는 어떤 느낌이 드니? 그 느낌을 써 봐. …… 다 썼네. 그럼 이제 엄마가 칭찬했을 때 느낌을 써 보자(듬뿍 칭찬한다). 칭찬 듣고 난 뒤 네 얼굴 표정을 살펴봐. 몸 구석구석이 어떻게 달라지는지 느껴 보고. 눈빛, 입 안, 손 끝, 발 끝, 어깨, 허리, 가슴이 어떻게 달라지는지도 느껴 보렴. 충분히 느꼈으면 이제 써 보자."

거침없이 쓰기

야단맞는 상황을 충분히 느끼고 난 뒤에 거침없이 쓴다. 그리고 칭찬받는
상황을 충분히 느끼고 난 뒤에 칭찬받을 때의 느낌을 거침없이 쓴다. 두 장
면을 뒤섞어서 글을 쓰면 혼란이 오므로 반드시 분리해서 쓴다.

소리 내어 읽기(자녀)

야단맞은 상황을 쓴 글을 읽을 때는 우울한 목소리로, 칭찬받는 상황을 쓴
글은 행복한 목소리로 읽는다.

감상하기(부모)

두 가지 상황에 따라 달라지는 아이의 기분을 충분히 느끼고, 부모가 받은
느낌을 이야기해 준다. "기쁠 때와 슬플 때는 기분뿐만 아니라 몸도 큰 차이
가 있구나.", "야단맞으면 정말 가슴 아프지. 많이 속상했겠다." 부모도 기
분 좋을 때, 기분 나쁠 때 자기 몸이 어떻게 다르게 반응하는지 이야기한다.
서로 같은 기분이라는 점을 확인하면 소통은 저절로 된다.

무섭고 징그럽고 끔찍한 동물들

(로알드 달 글, 퀸틴블레이크 그림, 주니어김영사 펴냄)

아이들은 로알드 달 책을 참 좋아한다. 어른들이 보기에는 끔찍하고, 바람직하지 못한 이야기로 가득차 있어서 되도록 읽게 하고 싶지 않지만, 대부분의 아이들은 로알드 달이 펼쳐 놓는 이야기에 하염없이 빠져든다. '무섭고 징그럽고 끔찍한 동물들'도 마찬가지다. 이 책은 특별한 이야기가 없다. 그저 정말 이런 끔찍한 동물이 있으면 얼마나 무서울까 하는 생각이 드는 이야기뿐이다. 어른들은 읽고도 찜찜한 생각이 들겠지만, 아이들은 계속 펴고 있는 책이다. 아이들이 로알드 달 책에 빠져드는 이유는 무엇일까? 그 이유를 어른들이 이해하면 어른과 아이 사이가 매우 가까워질 것이라고 믿는다.

Wednes day 무섭고 징그럽고 끔찍한 동물들 _ 토론하는 거실

낭독하기

자신이 가장 끔찍하다고 생각하는 동물이 나오는 부분을 읽는다. 무섭고, 징그럽고, 끔찍한 감정을 담는다. 듣는 사람이 오싹한 느낌이 들도록 감정을 듬뿍 싣는다. 옛 이야기를 들려 주는 기분으로 자녀 혼자서 처음부터 끝까지 낭독한다.

역할토론 상황 이해하기

❶ 이 책에는 무섭고, 징그럽고, 끔찍한 동물들이 많이 등장한다. 이 중에서 자신이 가장 끔찍하고, 징그럽고, 무섭다고 여기는 동물을 선택한다. 그런 다음, 자신이 선택한 동물이 되어 자신이 왜 가장 무섭고, 끔찍하고, 징그러운지 주장한다. 서로 자신이 가장 끔찍하고, 무섭고, 징그럽다고 논쟁한다. 누가 더 무섭고, 끔찍하고, 징그러울까?

❷ 끝나고 난 뒤에 자타공인 최고의 무섭고, 끔찍하고, 징그러운 동물을 선발해 본다. 이 토론은 철저하게 논리력을 기르기 위한 토론이므로, 성급하게 결론을 내리거나 항복하기보다 일정한 시간을 정해 두고 끈질기게 논쟁을 벌여 보기를 권한다. 세 명 이상이 각자 자기 역할을 정한 뒤에 토론해도 된다.

역할토론 예시

전　갈　"흐흐, 내가 가장 무섭고 잔인하고 징그럽지. 난 어둠 속에 숨어서 몰래 침대로 숨어들 수 있어. 그러니 아이들이 나를 가장 무서워하지. 잠을 편히 못 잘 테니까."

개미핥기　"무슨 소리. 사람을 잡아먹는 나야말로 최고로 무섭고, 잔인한 동물이지. 요즘에는 날씬해지고 싶은 사람이 많잖아. 그런 사람들은 모두 나를 무서워 해야 할 걸."

전　갈　"사람은 잠을 편안하게 자고 싶어 해. 그런데 언제, 어디서 내가 튀어나올지 모르니 얼마나 무섭겠어? 잠을 못 자는 것만큼 괴로운 것은 없지."

개미핥기   "물론 잠을 못 자는 것은 괴롭지. 그리고 잡아먹히는 공포는 더 끔찍해. 어느 누가 감히 내 앞에서 두려움에 떨지 않겠어?"

전   갈   "어차피 죽는 것은 같아. 난 어둠 속에서, 가장 편안히 쉴 때 몰래 숨어들어 죽음을 선물하지."

개미핥기   "잠들다 죽는 거랑, 살아서 잡아먹히는 거랑은 달라. 그리고 넌 크기가 작아서 사람들이 널 발견하면 바로 죽여 버릴 걸."

전   갈   "난 작지만 어둠 속에서 살기 때문에 안 들키지. 그리고 넌 개미처럼 날씬한 사람만 잡아먹잖아. 요즘은 비만인 사람이 많아서 널 두려워하지 않는 사람이 많아."

 무섭고 징그럽고 끔찍한 동물들 _ 글 쓰는 식탁

베껴쓰기

가장 재미있고, 가장 끌리는 이야기를 베껴 쓴다. 가능하면 한 이야기를 처음부터 끝까지 다 써 보기를 권한다. 상상력 넘치는 이야기는 쓸 때도 재미있다.

함께 글감 찾기
⋯▸ 글감 : 상상하는 대로 쓰기

"아빠는 다리가 수십 개 달린 지네가 독을 품고 달려드는 생각을 하면 오싹해. 엄마는 예전에 바퀴벌레만 보면 기겁을 했는데 요즘은 바퀴벌레가 엄마를 두려워하지. 그리고 보면 두려워하는 동물이나 벌레도 바뀌나 봐. 네가 생각하는 끔찍한 동물은 뭐가 있니? 그래, 네가 생각하는 동물이 나타난다면 정말 겁나고 징그럽겠다. 안 나타나기를 빌어야지. 그런데 만약 나타나면 어떤 일이 생길까? 한번 상상해 봐."

거침없이 쓰기

상상하는 글을 쓸 때는 생각을 옥죄는 족쇄를 풀어 주어야 한다. 생각은 자유요, 무제한이다. 상상하는 힘이 강한 아이가 정신이 건강한 아이다. 시간과 목표 분량을 정한 뒤에 멈추지 않고 빠르게 쓴다.

소리 내어 읽기(자녀)

무서운 이야기를 읽을 때는 무섭게, 징그러운 이야기를 읽을 때는 징그럽게, 잔인한 이야기를 읽을 때는 잔인하게 읽는다. 듣는 사람이 오싹하도록 말이다.

감상하기(부모)

무섭고, 징그럽고, 잔인함에 치를 떨며 감상한다. 얼마나 무섭고, 징그럽고, 잔인했는지 이야기해 준다. "어휴, 그런 일을 겪으면 정말 징그럽고, 소름 끼칠 거야.", "생각하기도 싫다. 어떻게 그런 생각을 했니?"

킬러 고양이의 일기

(앤 파인 지음, 비룡소 펴냄)

어느 날, 애완 고양이 터피가 예쁜 아기 새를 죽인다. 다음 날 터피를 사랑하는 엘리와 엘리 가족은 아기 새의 장례를 치른다. 엘리는 터피에게 다시는 이런 일을 하지 말라고 야단치지만 터피는 아기 새 장례를 치른 다음 날 죽은 생쥐를 집에 물고 들어온다. 엘리는 울고, 가족들은 터피를 나무란다. 목요일에는 더 큰 일이 벌어진다. 그야말로 대형 사고다. 이 책은 킬러로 몰린 고양이의 일기인데, 마지막에 펼쳐지는 기막힌 반전에 한가득 웃음이 찾아온다.

Friday 킬러 고양이의 일기 _ 토론하는 거실

낭독하기

터피(고양이)가 새와 쥐를 사냥해서 집으로 가져 온 월요일과 수요일 일기를 읽는다. 월요일과 수요일에 끼어 있는 화요일 일기는 읽을 필요가 없다. 터피는 가족들의 반응을 도저히 이해하지 못한다. 터피의 심정이 잘 드러나도록 읽는다.

역할토론 상황 이해하기

❶ 애완 고양이인 터피가 새와 생쥐를 잡아서 집으로 데리고 온다. 터피를 진심으로 사랑하는 엘리는 자신의 애완 고양이 터피가 잔인하게 새와 생쥐를 사냥하고, 그 흔적을 집에 남기자 몹시 슬퍼하며 제발 그러지 말라고 부탁한다. 반면에 고양이 터피는 자신은 고양이므로 당연한 행동이라고 생각한다. 자기 입으로 새가 포르로 날아드니 어쩌란 말이냐고 항변한다.

❷ 한쪽은 엘리 역할을 하고, 다른 한쪽은 터피(고양이) 역할을 한다. 터피가 아기 새와 생쥐를 죽여서 집에 데리고 온 행동을 두고 엘리와 터피가 논쟁을 한다. 터피 역할을 맡은 쪽이 고양이 인형이나 손 인형을 사용하면 더욱 실감난다.

역할토론 예시

엘 리　"터피, 난 널 사랑해. 그래도 이런 행동은 하지 마."

터 피　"엘리, 난 고양이야. 고양이는 사냥이 본능이야."

엘 리　"넌 고양이야. 그리고 넌 애완 고양이기도 해. 애완 고양이면 애완 고양이답게 지내야지."

터 피　"애완 고양이라는 것은 알아. 그리고 애완 고양이라고 해서 새나 생쥐를 잡지 말라는 법은 없어. 난 고양이고, 고양이가 새나 생쥐를 잡아먹는 것은 당연해."

엘 리　"오! 터피. 새나 생쥐를 잡아오다니, 난 너무 끔찍해. 넌 최소한 주인에 대한 예의는 지켜야 하는 거 아냐?"

터 피　"오! 엘리. 난 너무 슬퍼! 넌 최소한 고양이인 날 생각해 줘야 하는 거

　　　아냐?"

엘 리　"흥, 못됐어. 넌 네 주인이야. 넌 주인의 아픔도 모르는 못된 고양이

　　　야."

터 피　"주인으로 대접받고 싶다면 너부터 고양이에 대한 이해심을 길러

　　　봐."

Saturday 킬러 고양이의 일기 _ 글 쓰는 식탁

베껴쓰기

대화와 서사가 일기 형식 속에 쉽고도 자연스럽게 녹아든 책이다. 재미있
는 대화가 오고 간 부분이나 터피가 자신의 눈으로 본 장면을 재미있게 그
려 낸 부분을 베껴 쓴다. 시간은 5분, 고양이의 시선으로 그려 내는 상황을
떠올리며 깨끗한 글씨로 쓴다.

함께 글감 찾기

···▸ **글감 : 오해를 받았거나 억울했던 일 쓰기**

부모의 도움말

"말을 못하는 터피가 얼마나 억울했을까? 오해가 풀린 뒤에 의기양양해 하

는 터피의 모습이 눈에 선하네. 너도 터피처럼 오해를 받은 일이 있니? 아니면 정말 억울하거나 속상했던 일은? 그 일을 떠올려 보렴. 혹시 그게 엄마 아빠와 관련된 것이라면 지금이 오해를 풀 수 있는 좋은 기회야."

거침없이 쓰기

오해받거나 억울한 상황은 겉으로 표현하고 싶지만 어떻게 받아들여질까 걱정되어 잘 드러 내지 못한다. 얼마든지 수용해 주고, 공감해 줄 것이라는 확신이 들면 자연스럽게 글이 나온다. 따뜻하고 수용하는 분위기를 만들어 보자. 시간과 분량을 정했으면 종이에서 연필을 떼지 말고, 생각이 흘러가는 대로 글을 풀어 낸다.

소리 내어 읽기(자녀)

낭독할 때는 글에 맞는 색깔을 찾아야 한다. 억울한 글을 읽을 때는 억울함이 묻어나야 한다.

감상하기(부모)

아이의 마음을 이해하는 데 초점을 둔다. 특히 부모와 관련된 일을 썼을 경우 부모의 이야기만 하거나, 훈계하려 들지 말아야 한다. 부모가 자신의 감정을 수용하는 태도를 보일 때 더욱 솔직한 글을 쓰고, 글을 쓰고 싶은 마음도 커진다. "공부하려고 잠시 쉬는데 엄마가 잔소리를 해서 억울했구나. 엄마가 상황을 잘 알았더라면 그러지 않았을 텐데, 정말 속상했겠다."

❶ 메일은 인터넷에서 사용하는 이름이요, 주소다. 메일을 함께 만들자. 회원 가입은 어떻게 하는지 가르쳐 주고, 회원 가입을 해도 되는 사이트와 삼가야 할 사이트를 구분하는 법도 알려 준다.

❷ 메일을 만들었으면 메일을 보낸다. 첫 번째 메일 수신자는 부모로 한다. 부모의 메일 주소를 가르쳐 주고 부모에게 보내게 한다. 물론 답장 메일을 해 준다. 메일은 잘만 활용하면 부모와 자식 사이의 훌륭한 의사소통 수단이 된다.

❸ 짧은 단문의 문자와 달리 긴 문장으로 생각을 나누는 메일은 친구들 사이에서도 좋은 의사소통 수단이다.

셋째 주 3week

책 읽기

납작이가 된 스탠리

(제프 브라운 글, 토미 웅게러 그림, 시공주니어 펴냄)

어느 날 아침 일어나 보니 스탠리는 납작이가 되어 버렸다. 현실에서 일어났다면 정말 비극적인 사건이지만 동화 속 스탠리는 납작이가 되어 환상적인 모험을 한다. 평소에 가보고 싶었지만 못 갔던 곳으로 여행을 떠나기도 하고, 연이 되어 하늘도 날아 보기도 하고, 미술품 도둑을 잡는 데도 큰 역할을 한다. 납작이가 된 스탠리는 다른 존재로 사는 즐거움, 나와 다른 존재를 이해하는 넉넉함을 가르쳐 준다.

Mon day 납작이가 된 스탠리 _ 토론하는 거실

낭독하기

길거리에서 다른 사람을 만났을 때 스탠리에게만 관심이 쏟아지자 동생 아서가 부러워하는 장면(32~35쪽), 사람들의 관심을 받던 스탠리가 남과 다르다고 비웃음을 받는 장면(64~67쪽)을 읽는다. 아서가 부러워하는 장면은 아이가, 스탠리가 스트레스를 받는 장면은 부모가 읽는다.

역할토론 상황 이해하기

❶ 스탠리가 주위의 관심을 끌고 평소에 할 수 없었던 멋진 모험을 하자 스탠리의 동생 아서는 자신도 납작이가 되고 싶어 한다. 아서의 부러움을 한 몸에 받는 스탠리는 처음에는 멋진 생활을 한다. 그러나 주위 사람들이 자신을 비웃자 스탠리는 다시 보통 사람이 되기를 원한다.

❷ 한쪽은 아서 역할, 한쪽은 스탠리 역할을 한다. 아서는 다른 사람은 불가능한 멋진 모험을 즐기는 스탠리를 부러워하는 역할, 스탠리는 평범한 아서를 부러워하는 역할을 한다. 서로 자신이 아니라 상대방의 상황을 부러워하는 독특한 역할토론이다.

❸ 남과 다른 것은 부러워할 일도, 왕따를 시켜야 할 일도 아니다. 그저 다를 뿐이며, 자기 상황을 즐기는 것이 최선임을 깨닫는다면 토론은 성공이다.

역할토론 예시

아　서　"나는 형이 부러워."

스탠리　"부럽다고? 난 다른 사람과 다른 내가 싫어."

아　서　"싫다니. 형은 납작해서 하수도에도 들어가고, 하늘도 날고, 캘리포니아도 다녀왔잖아. 얼마나 멋져."

스탠리　"물론 그건 멋졌지. 그리고 난 평범한 게 좋아. 특별한 게 싫다고."

아　서　"난 사람들이 형에게만 관심을 두어서 정말 부러워. 그래서 형처럼 되고 싶어서 몸에 책을 잔뜩 쌓아 보기도 했는데 실패했어."

| 스탠리 | "넌 독특한 내가 부럽구나. 그리고 난 내가 남과 다르다고 나를 이상하게 보는 사람들 때문에 스트레스를 받아." |
| 아 서 | "형은 다른 사람들 생각 때문에 스트레스를 받는구나. 그리고 다른 사람이 어떻게 생각하든 그게 무슨 상관이야. 형은 멋지고, 남과 다른 모험을 마음껏 즐기는데 말이야." |

Tuesday 납작이가 된 스탠리 _ 글 쓰는 식탁

베껴쓰기

스탠리가 멋진 모험을 하는 장면 중에 하나를 선택해서 베껴쓰기를 권한다. 멋진 모험을 어떻게 그려 내는지, 신나는 장면을 글로 어떻게 표현하는지를 배운다.

함께 글감 찾기

···➤ 글감 : 남과 다른 점을 부모님께 편지로 쓰기

부모의 도움말

"스탠리는 정말 남과 달라. 그래서 자랑스러움을 느끼기도 하고, 속상하기도 하지. 스탠리 정도는 아니지만 누구나 사람은 남과 다르기도 하고, 비슷하기도 해. 너도 그럴 거야. 그리고 우린 너에 대해서 많이 알기는 하지만 아직 네가 남과 다른 점이 무엇인지, 네 스스로 남과 어떤 점이 다르고, 어

떤 점이 비슷하다고 생각하는지 정확히 몰라. 그러니 너에 대해서 나한테 편지를 써 주렴. 그리고 네가 원하는 게 있다면 그것이 무엇인지도 알려 줘. 잘 읽어 볼게."

거침없이 쓰기

아이 스스로 자신을 가만히 들여다보도록 한다. 다른 점을 모두 떠올리고 난 뒤에 글을 쓰려고 하면 한 없이 뒤로 미뤄질지도 모르므로, 2~3가지가 떠오르면 바로 시작하게 한다. 중간에 다른 점을 생각한다고 머뭇거리지 말아야 한다. 2~3 문장을 쓰다 보면 생각의 실타래가 자연스럽게 풀어질 것이다.

소리 내어 읽기(자녀)

부모님께 보내는 편지글이므로 예의바르게 읽는다.

감상하기(부모)

아이가 자신과 남이 무엇이 다르다고 생각하는지에 집중한다. "그래! 그게 정말 다르구나!" 하고 말해 주면 최고다. 만약 원하는 것이 있다면 "○○○ 을 원하는 구나."라고 말하여 정확히 알아들었음을 확인해 준다. 편지를 받았으면 답장은 예의다.

지각대장 존

(존 버닝햄 글·그림, 비룡소 펴냄)

존은 늘 지각을 한다. 존이 게을러서 지각을 하는 것은 아
니다. 학교를 가는데 악어가 튀어나오고, 사자가 튀어나오
고, 거대한 파도가 덮쳐서 학교에 제 시간에 도착하지 못
한 것일 뿐이다. 선생님은 존의 말을 전혀 믿지 않는다. 거
짓말을 했다고 반성문까지 쓰게 한다. 이 책의 끝 부분은
어떨까? 많은 어린이 책이 아주 바람직한 방식으로 오해
를 해결하는데 비해 존 버닝햄은 전혀 색다른 방식으로 문
제를 해결한다.

Wednesday

지각대장 존 _ 토론하는 거실

낭독하기

부모와 자녀가 한 쪽씩 번갈아가며 그림 책 전체를 읽는다. 그림을 섬세하
게 관찰하면서 읽으면 재미가 색다르다. 선생님의 감정이 표정에 그대로
드러나므로, 선생님의 표정도 글과 함께 읽으면 참 재미있다.

역할토론 상황 이해하기

❶ 네 번째 날, 존은 무사히 학교에 도착한다. 그런데 이번에는 선생님께 문
제가 생긴다. 선생님이 큰 털복숭이 고릴라한테 붙들려 천장에 매달려

있다. 선생님은 존에게 구해달라고 했지만, 존은 선생님이 존을 믿지 않으며 했던 말과 똑같은 식의 말을 하면서 선생님을 구해 주지 않는다.

❷ 한쪽은 존 역할을 하고, 한쪽은 선생님 역할을 한다. 선생님은 고릴라에게 붙잡혀 천장에 매달려 있으므로 긴박한 목소리로 존을 설득해야 한다. 존은 교실에 서서 선생님을 올려다 보며 구해 주지 않는 이유를 말한다.

역할토론 예시

선생님   "존, 나 좀 구해 주렴. 내가 지금 모습 보이지? 난 지금 털복숭이 고릴라한테 붙잡혔어."

존   "털복숭이 고릴라라고요? 우리 동네에는 털복숭이 고릴라가 없어요. 여긴 동물원이 아니에요."

선생님   "여길 봐. 여기 정말 있잖아."

존   "제가 위험한 동물들 때문에 학교에 늦었다고 했을 때 선생님은 전혀 믿지 않았어요."

선생님   "미안하다. 그땐 정말 그런 동물이 우리 마을에 나타나리라곤 상상도 못했어."

존   "선생님은 제 말에 전혀 귀를 기울이지 않았고, 절 도와주지도 않았어요. 그러니 선생님은 도와달라고 말할 자격이 없어요."

선생님   "위험에 처한 사람은 도와야 하지 않겠니?"

존   "전 혼자서 벗어났어요. 선생님도 가능해요."

선생님   "내가 만약 계속 고릴라에 붙잡혀 있으면 어떻게 하려고? 내가 계속 고릴라에게 붙잡혀 있으면 넌 공부를 하지 못해."

존   "어린 저도 아무런 문제가 없었으니 선생님도 괜찮을 거예요. 선생
     님이 고릴라와 함께 있는 동안은 자습을 할게요."

지각대장 존 _ 글 쓰는 식탁

베껴쓰기

사건 하나를 골라 시작에서 끝까지 베껴 쓴다. 예를 들어 파도에 휩쓸리는 사건을 골랐으면 존이 학교로 출발한 문장부터 파도에 휩쓸리고, 늦게 학교에 도착해서 선생님께 야단맞는 문장까지 쓴다. 간단하면서도 명쾌하게 하나의 사건을 표현하는 법을 익힌다.

글감 함께 찾기
···▸ 글감 : 이야기 바꿔 써 보기

함께 글감찾기 도움말

"존은 학교 가는 길에 참 별의별 일을 다 겪는구나. 만약 네가 학교에 가는데 괴물이 나타난다고 해 보자. 어떤 괴물이 나타날까? 그리고 어떤 일이 벌어질까? 그리고 학교에 늦게 도착하면 선생님이나 엄마, 아빠는 어떤 반응을 보일까? 존에게 나타난 괴물이나 존이 겪은 사건말고 다른 괴물, 다른 사건을 상상해 봐. 상상은 자유니까."

거침없이 쓰기

자유가 주어지면 아이들의 상상은 하늘 높은 줄 모르고 뻗어 나간다. 비상하는 새처럼, 휘몰아치는 바람처럼 글을 풀어 낸다.

소리 내어 읽기(자녀)

꿈꾸는 듯한 목소리로 읽는다. 상상은 꿈과 같은 일이다.

감상하기(부모)

재미있는 이야기를 들었을 때 최고의 반응은 깔깔거리며 웃는 것이다. 재미를 충분히 느끼고 웃어 본다. 기발한 상상, 황당한 상상이면 감탄사도 연발한다. 만화나 게임에 지나치게 물든 아이의 경우 앞뒤가 하나도 안 맞는 이야기를 쓸 지도 모른다. 이런 경우에도 핀잔을 주거나 다시 쓰라고 하면 안 된다. "그런 일을 겪으면 정말 황당하겠다(신나겠다). 그리고 이야기가 조금 뒤죽박죽이어서 아쉬워.", "흠, 재밌네. 그리고 어디서 많이 들어 본 이야기 같아서 신선함이 떨어지는 걸." 이 정도로만 말한다.

레나는 축구광

(키르스텐 보이에 글, 빌케브릭스–헨커 그림, 계림북스쿨 펴냄)

레나는 여학생이다. 축구를 매우 좋아하고, 실력도 뛰어나다. 레나는 어린이 축구팀에 없어서는 안 될 선수다. 축구는 천재지만 레나의 수학 실력은 꽝이다. 결국 수학 공부 때문에 축구를 금지 당한다. 중요한 경기를 앞둔 레나는 엄마 몰래 축구를 하기로 결심한다. 아르네는 여자들이란 믿을 수 없는 존재라면서 여학생이 축구를 하는 것이 아니라는 편견을 드러 내기도 한다. 반면에 레나 부모는 수학 때문에 축구를 못하게 하기는 하지만, 여학생이 축구하는 것을 특별하거나 이상하다고 생각하지는 않는다. 자녀의 공부와 자녀가 하고 싶은 일 사이에서 빚어지는 갈등이 이야기의 초점이다.

Friday **레나는 축구광 _ 토론하는 거실**

낭독하기

'1. 구구단을 왜 외우지?' 부분을 먼저 읽는다. 그리고 '3. 푸돌아, 내 마음을 알지'에서 엄마가 축구를 금지시키고, 레나가 속으로 엄마에게 항변하는 부분(22~23쪽)을 읽는다. 상황을 정확히 이해하고, 서로의 주장이 무엇인지 생각하며 읽는다. 부모와 자녀가 일정 분량씩 나누어서 낭독한다.

역할토론 상황 이해하기

❶ 레나는 축구는 잘하지만 구구단은 정말 못한다. 레나는 계산은 계산기로 하면 된다고 생각한다. 축구가 꿈인 사람은 축구 연습을 열심히 해야 한다고 생각한다. 그래서 수학 공부하느라 연습을 못하면 훌륭한 축구 선수가 되지 못할 것이라고 여긴다. 세계에서 제일 축구를 잘하는 사람은 축구 연습을 미친 듯이 했지, 수학 공부를 죽어라고 하지는 않았다고 주장한다. 엄마는 수학 공부를 열심히 해서 성적이 올라야만 축구를 할 수 있는 기회를 주겠다고 한다.

❷ 한쪽은 레나가 되고, 한쪽은 엄마가 된다. 레나는 계산은 계산기로 하면 되고, 축구가 꿈인 사람은 수학 공부보다 축구 연습을 열심히 하는 것이 중요하다고 말한다. 반면에 엄마는 학생의 본분은 공부라면서 절대 수학 공부를 게을리 하면 안 된다고 말한다. 또한 수학 점수가 일정 정도 이상이 아니면 축구할 기회도 사라진다고 말한다.

역할토론 예시

레 나 　"전 구구단을 못 외워도 상관없어요. 전 커서 계산기를 들고 다닐 거예요. 요즘은 휴대전화에도 계산하는 기능이 있어요."

엄 마 　"계산하는 능력은 꼭 필요해. 늘 계산기를 들고 다니지는 못하잖아."

레 나 　"계산은 필요하죠. 그리고 전 수학 선생님이 아니라 축구 선수가 꿈이라고요. 그럼 축구를 더 열심히 해야죠. 엄마는 축구가 꿈인 나에게 수학이 더 중요하다고 말하고 있잖아요."

엄 마	"그래 네 꿈은 축구 선수야. 그리고 지금 넌 학생이고. 학생은 공부를 하는 것이 기본이야.
레 나	"전 학생이에요. 그리고 전 학생이라면 자기 꿈을 향해 나아갈 줄 알아야 한다고 생각해요. 제 꿈은 축구 선수라고요."
엄 마	"도저히 안 되겠구나. 넌 이제부터 축구 연습 금지야. 수학 시험 보기 전까지는 절대 안 돼. 그리고 수학 점수가 90점을 넘지 않으면 그 이후에도 축구는 금지시킬 거야."
레 나	"축구 연습 금지라니요? 이제 곧 중요한 시합이 있어서 꼭 연습을 해야 한단 말이에요. 그리고 90점이라니…… 축구를 하면서 어떻게 그 점수를 얻어요? 그건 축구를 하지 말라는 소리잖아요. 펠레처럼 뛰어난 축구 선수가 되기 위해서는 수학 공부가 아니라 연습이 필요하다고요."

Satur day 레나는 축구광 _ 글 쓰는 식탁

베껴쓰기

가장 마음에 드는 사건이 펼쳐지는 곳을 골라서 베껴 쓴다. 가능하면 레나가 고민하고 갈등하면서 사건이 점점 꼬여가는 부분을 쓰기를 권한다. 심리적인 갈등을 글로 어떻게 표현하는지 배우기 바란다.

함께 글감 찾기

···▶ 글감 : 공부하라는 말이 싫을 때

부모의 도움말

"생각해 보니 엄마가 공부하라는 말을 너에게 제일 많이 하는구나. 레나도 축구하지 말고 공부하라는 소리가 정말 싫었을 거야. 공부하라는 말 들으면 별로 기분이 안 좋지? 엄마는 널 위한다고 자꾸 말하는데 너한테는 잔소리가 되고, 싫은 소리로 들리겠구나. 공부하라는 소리가 언제 듣기 싫은지, 공부하라는 소리를 들을 때는 어떤 느낌이 드는지 써 보렴. 네가 경험했던 이야기, 절실했던 느낌을 솔직하게 쓰렴. 네 글을 읽고 네 마음을 헤아려 볼게."

거침없이 쓰기

솔직한 글을 쓸 수 있도록 분위기를 만든다. 수용하는 태도를 보여 주면 솔직한 글이 나온다. 시간과 목표 분량을 정한 뒤에 멈추지 않고 빠르게 쓴다.

소리내어 읽기(자녀)

공부가 정말 싫었던 때와 같은 감정으로 읽는다. 짜증과 미운 감정이 글과 함께 묻어나면 훨씬 실감이 난다.

감상하기(부모)

훈계하려 들지 말고, 가르치려 들지 말자. 솔직함을 격려하고 글 속에서 아이의 마음을 읽는다. "그래, 그런 마음이 들었구나.", "그때는 엄마 말이 정말 싫었나 보구나." 마음을 받아 주기만 해도 아이는 충분히 위로를 받는다.

❶ 『웨슬리 나라』(폴 플레이쉬만 저)를 보면 웨슬리는 바람이 실어다 준 씨앗으로 자기만의 나라를 만든다. 방학을 맞아 마당을 가꾸는데 한줄기 바람에 실려 씨앗이 자리하고, 그 씨앗은 이 세상에서 본 적 없는 거대한 꽃을 피운다. 웨슬리는 그 꽃을 이용하여 자기만의 나라를 만든다. 놀이, 패션, 문자, 음식 등 웨슬리만의 독특한 문화가 탄생한다.

❷ 블로그는 인터넷에 만드는 자기만의 나라다. 블로그는 『웨슬리 나라』에서 바람이 실려 온 씨앗이요, 꽃이다. 아이에게 블로그에 대해 소개해 주고 블로그를 어떻게 꾸밀 것인지에 대한 의견을 나눈다. 홈페이지를 꾸밀 수 있는 능력이 있으면 홈페이지도 좋다. 다만 인맥 관리와 같이 폐쇄적이고 지나치게 개인적인 활동 방식보다는 많은 이들과 공개적으로 만나는 열린 운영 방식을 채택할 것을 권한다.

❸ 블로그에 첫 글을 올린다. 재미있고 신나게 쓴다. 부모는 블로그 첫 방문자가 되어 글을 읽고, 댓글을 달아 준다.

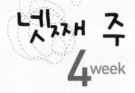

오리와 부엉이

(한나 요한젠 글, 케티 벤트 그림, 꿈터 펴냄)

부엉이는 낮에 자고 밤에 활동한다. 오리는 낮에 활동하고 밤에 잔다. 둘은 먹이도 다르고 습성도 다르다. 내가 맞고 네가 틀리다고 다툰다. 그러다 둘은 확인한다. 틀린 것이 아니라 서로 다르다는 것을……. 나와 남이 다른 것은 당연하다는 사실을. 그리고 다름에도, 아니 다르기 때문에 오히려 친구로 지낼 수 있음을 알아차린다.

Monday   오리와 부엉이 _ 토론하는 거실

낭독하기

오리와 부엉이가 서로의 차이를 이해하지 못하고 서로 다투는 장면을 읽는다. 한 사람은 오리가 말한 부분을 읽고, 한 사람은 부엉이가 말한 부분을 읽는다. 정말 대화하듯이, 감정이 격해지면 그에 맞게 속도와 색깔에 변화를 준다.

역할토론 상황 이해하기

❶ 오리와 부엉이가 서로의 차이를 두고 다툰다. 서로 자신이 옳고, 상대방은 틀린 삶을 살고 있다고 말한다. 오리와 부엉이는 나중에 서로 이해를 하고 차이를 받아들이지만 처음에는 그러지 못한다. 역할토론도 마찬가지 방식으로 진행한다. 처음에는 대립하다가 나중에 서로 이해하는 말을 나눈다.

❷ 처음에는 한쪽은 오리가 되고 한쪽은 부엉이가 되어 책에 있는 내용처럼 서로의 차이로 다투는 대화를 나눈다. 그러다 서로 차이가 당연하다는 점을 확인하며 화해한다.

❸ 다음에는 정말 서로 다른 기질을 지닌 두 동물이 되어 오리와 부엉이처럼 대화를 나눈다. 차이와 다름은 당연하며, 개성을 지닌 인간은 그 누구도 똑같지 않다는 사실을 다양한 사례와 대화를 통해 느껴본다.

역할토론 예시 1

오 리   "난 낮에 일하고 밤에 잠을 자."

부엉이   "아니, 어떻게 그럴 수가 있어? 잠은 낮에 자고, 활동은 밤에 하는 거야. 넌 정말 이상하구나."

오 리   "난 이상하지 않아. 난 물속에 들어가서 먹을 것을 얻어."

부엉이   "뭐라고? 어떻게 그렇게 멍청할 수가 있어? 먹이는 어두울 때 숲속에서 사냥을 해야지."

역할토론 예시 2

뱀	"우리는 바닥을 기어 다녀."
고양이	"뭐? 기어 다닌다고? 어떻게 그렇게 살아? 네 발로 다니는 것이 정상이야. 어떻게 발도 없이 다니지?"
뱀	"말도 안 돼. 네발로 다니면 얼마나 불편할까? 우린 숲 풀에서, 그리고 물속에서 사냥을 해서 먹어."
고양이	"풀숲과 물속에서 동시에 사냥을 한다고? 풀숲에서는 사냥이 가능하지만, 어떻게 물속에서 사냥을 해? 도저히 이해하지 못하겠군."
뱀	"우린 겨울에 잠을 자."
고양이	"겨우내 잠을 잔다고? 이런 잠꾸러기들. 겨울에는 흰 눈을 밟으면서 놀아야지. 겨울은 눈 위에서 뛰어노는 계절이야."

Tuesday 오리와 부엉이 _ 글 쓰는 식탁

베껴쓰기

오리와 부엉이가 나누는 대화 부분을 베껴 쓴다. 의외로 아이들은 대화체 글을 잘 못쓴다. 자신들만의 언어에 갇혀 있기 때문이다. 베껴쓰기를 통해 부드러우면서도 자연스럽게 생각을 나누는 방법을 익힌다.

함께 글감 찾기

···▸ **글감 : 두 개의 물건을 놓고 비교하기**

부모의 도움말

"오리와 부엉이는 서로 참 달라. 둘이 나누는 대화에 둘의 차이가 잘 드러나지. 모든 물건이나 생명은 자세히 견주어보면 차이가 나(묘사할 것이 많고 서로 비교하기 좋은 물건 두 개를 나란히 놓는다.). 여기 두 물건이 있어. 두 개를 비교해서 관찰해 보렴. 비슷한 점도 있고, 다른 점도 있지. 잘 관찰해 봐. 눈뿐만 아니라 소리, 냄새, 향기, 맛도 느껴 봐. 비슷하기도 하고 다르기도 할 거야. 충분히 관찰하고 느낀 뒤에 글을 써 보렴."

거침없이 쓰기

눈으로 자세히 관찰한다. 손과 코, 귀와 입도 사용해서 느낀다. 아이들은 시각 정보를 제외하고는 잘 사용할 줄 모른다. 오감을 사용하면 감성이 풍부해진다. 사물과 생명을 다양한 측면으로 다가가기 때문에 창의적인 사고력도 길러진다. 오감쓰기에 습관을 들이면 세상이 달라진다. 충분히 느낀 뒤에는 시간과 목표 분량을 정한다. 중간에 얼핏 보는 것은 괜찮지만 글을 멈추지는 않는다. 거침없이 쓰기는 한 번 시작하면 끝까지 쉬지 않는 것이 관건이다.

소리 내어 읽기(자녀)

쓸 때 오감을 사용했다면, 읽을 때도 오감을 사용한다. 감각은 생명의 숨결이다.

감상하기(부모)

두 물건과 글을 비교하며 감상한다. 두 물건의 특징을 잘 잡아 낸 문장에 기쁜 마음으로 반응한다. "와우! 그런 차이가 있었네.", "와! 둘의 차이를 그렇게 표현하니 특징이 두드러지는구나."

 문제 만드는 수준이 이해 수준

"책을 정확히 읽었는지 안 읽었는지 어떻게 확인할 수 있죠?"

어머님들께서 책읽기와 관련하여 자주 하는 질문이다. 아이에게 일일이 물어 보면 싫어하고, 그렇다고 책을 다 읽었다는 말을 그냥 믿고 넘어가자니 책을 읽는 효과를 제대로 확인하지 못하기 때문에 어머님들이 이런 질문을 많이 한다.

필자가 권하는 방법은 책을 읽고 중요하다고 파악한 내용을 문제로 내게 하는 것이다. 아이가 문제를 내고, 부모는 답을 맞히겠다고 하면 대부분 신나게 문제를 낸다. 정답이 있는 질문뿐만 아니라 정답이 없는 질문도 만들어 보게 한다. 내용 파악을 잘했으면 답이 있는 질문을 잘 만들고, 상상력과 창의력 및 주제 파악 능력이 뛰어나면 답이 없는 질문을 잘 만든다. 질문을 만드는 수준이 곧 책을 이해한 수준이다.

이 방법이 효과가 아주 좋기는 하지만 한 가지 단점이 있다. 부모에게 부담스러운 방법이기 때문이다. 아마 이 방법을 여러 번 사용하다 보면 시험을 위한 공부로 인해 아이들이 받는 스트레스를 좀 더 잘 헤아리게 된다. 시험의 부담을 부모가 체험으로 느낀다면 아무래도 아이들의 힘겨움을 더 잘 다독여 주리라 믿는다.

마녀 위니의 수리수리 마법책

(로라 오웬 글, 코키 폴 그림, 비룡소 펴냄)

위니는 유쾌하고 상쾌한 마녀다. 늘 즐겁고, 천방지축인 마녀다. 마녀 위니와 함께라면 누구나 즐겁고 유쾌한 미소를 지을 수밖에 없다. 마녀 위니 시리즈에는 그림책도 있고, 이야기가 중심인 책도 있다.

어떤 책을 읽든 재미난 이야기, 기발한 그림이 함께 한다. 코키 폴의 그림 속에 감춰진 세밀한 표현을 발견하면 마녀 위니 이야기를 읽는 재미가 두 배로 늘어난다.

Wednes day 마녀 위니의 수리수리 마법책 _ 토론하는 거실

낭독하기

여러 가지 이야기 중에서 '월버야 돌아와!' 편을 읽는다. 마녀 위니 때문에 힘든 일을 겪는 월버, 그리고 시원한 클라라네 집에 도착해서 클라라네 자매들의 사랑을 듬뿍 받는 장면까지 읽는다(처음~15쪽). 위니로 인해 힘든 상황일 때는 약간 짜증나는 목소리를, 다정한 클라라네 자매를 만날 때는 행복한 목소리를 낸다.

역할토론 상황 이해하기

❶ '윌버야 돌아와!' 이야기에서 위니는 윌버에게 잘해 주지 못한다. 윌버는 그런 위니에게 불만이 많다. 우연히 윌버는 클라라네 집에 가게 된다. 클라라네 집은 윌버에게 천국이었다. 고양이 먹이가 가득했고, 클라라네 자매들은 윌버를 끔찍하게 위해 주었다. 위니와는 차원이 달랐고, 윌버는 행복했다.

❷ 역할토론은 윌버를 사이에 두고 위니와 클라라 사이에 벌이는 논쟁이다. 위니는 윌버가 자신과 살아야 한다고 윌버를 설득하고, 클라라는 윌버가 행복하게 지낼 곳은 자기네 집뿐이라고 윌버를 설득한다. 상냥하고 친절하고 마음씨 좋은 클라라 자매들과 엉뚱한 마법을 부리며 윌버와 치고 받고 다투며 사는 위니, 과연 어느 쪽이 윌버의 마음을 빼앗을까?

❸ 역할토론을 하는 둘 사이에 고양이 인형(윌버)이나 그림을 놓고 설득하듯이 대화를 나누면 한 편의 연극처럼 신나는 상황이 펼쳐진다.

역할토론 예시

위　니　"윌버. 나랑 같이 가자. 이 집에는 이제 그만 있어."

클라라　"윌버. 위니와 가지마. 우리 집은 고양이가 살기 나무 좋아. 위니네 집은 네가 살기에는 적당하지 않아."

위　니　"클라라, 무슨 말이니? 나와 윌버가 사는 집은 환상적이야. 놀 게 얼마나 많은데."

클라라　"맨날 구박하고, 제대로 먹을 것도 안 주고, 툭하면 이상한 마법이나 부리는 위니와 사는 건 스트레스야. 그치 월버?"

위 니 "나와 월버는 오랜 친구야. 우린 장난꾸러기처럼 심한 장난을 치기
도 하지만, 오랜 세월 쌓아온 우정에는 변함이 없어."

클라라 "지금부터 우리랑 우정을 만들자. 우린 네가 너무 좋아. 우린 너를 너
무나 사랑해 줄 거야. 엉뚱한 마법으로 괴롭힐 일도 없을 것이고."

Thursday 마녀 위니의 수리수리 마법책 _ 글 쓰는 식탁

베껴쓰기

『마녀 위니』에는 재미있는 이야기가 너무 많다. 즐겁고 신나는 이야기를 베
껴 쓴다. 재미있는 글을 쓰는 작가의 기분이 어떨까 생각하면서 쓰면 글쓰
기 재미를 느끼게 되고 글이 달라진다.

함께 글감 찾기
···〉 글감 : 하늘을 나는 빗자루가 생기면

부모의 도움말

"위니에게 빗자루가 있어. 해리포터에게도 빗자루가 있지. 빗자루를 타면
하늘을 마음대로 날 수 있지. 만약 그 빗자루가 너에게 생기면 어떻겠니? 상
상해 봐. 아마 비행기를 타고 하늘을 날거나, 기구를 타고 나는 것과는 차원
이 다를 거야. 정말 신나는 모험이 펼쳐질 거야. 상상만 해도 짜릿한 걸."

거침없이 쓰기

기존에 읽었던 이야기에 얽매이지 말고 상상한다. 눈을 감고 자신이 주인공이 된 장면을 그려 본다. 장면, 사건, 소리, 촉각을 느껴 본다. 정말 자신이 그 일을 겪는 것처럼……. 충분히 생각하고 느꼈으면 시간과 목표 분량을 정한다. 일단 쓰기 시작하면 물 흐르듯 거침없이 쓴다.

소리 내어 읽기(자녀)

재미있고 약간 들뜬 목소리로 읽는다. 즐거운 글은 즐겁게 읽어야 듣는 사람도 즐겁다. 즐겁게 읽다 보면 조금 빨리 읽는 경향이 생기는데, 너무 빠른 속도로 읽지 않도록 한다.

감상하기(부모)

글을 따라 함께 상상한다. 너무 빨리 읽으면 상상을 하면서 들어야 하므로 조금 천천히 읽으라고 한다. 멋진 상상에 박수를 보낸다. "정말 즐거운 상상이었어."라고 웃으며 말한다.

일어나요, 로자

(니키 지오바니 글, 브라이언 콜리어 그림, 웅진 주니어 펴냄, 그림책)

로자 파크스는 정말 작은 행동을 했다. 여전히 흑인에 대한 차별이 심했던 1955년, 로자 파크스는 버스 자리를 강제로 양보하라는 백인의 요구를 거부한다. 이 작은 행동이 흑인 인권운동 역사에 거대한 흐름을 만들어 낸다. 로자 파크스를 다룬 책들이 로자를 영웅처럼 그리고 있는데 비해, 이 책은 평범한 한 인간의 작은 행동이 세상을 어떻게 바꾸는지를 잔잔하게 그린다. 로자 파크스와 관련한 책 중에서 최고의 수작으로 꼽히는 그림책이다.

Friday 일어나요, 로자 _ 토론하는 거실

낭독하기

로자 파크스가 버스에서 부당하게 자리에서 일어나라는 요구를 받는 장면에서 "싫습니다."라고 당당하게 말하는 장면까지 읽는다. 백인들의 시선과 로자 파크스의 몸을 표현한 그림이 압권이다. 그림 속에서 묻어나는 생각과 감정을 느껴야 제대로 된 낭독이다.

역할토론 상황 이해하기

❶ 1950년대 미국, 노예해방을 선언한 지 100년 가까이 되었지만 여전히 흑인에 대한 차별은 심했다. 버스에서는 흑인과 백인의 자리를 구분하였

는데, 흑인은 흑인 자리에, 백인은 백인 자리에 앉아야 했다. 공동 좌석도 있었지만 백인이 요구하면 비켜 주어야 했다. 어느날 로자 파크스는 공동 좌석에 앉았다. 공동 좌석임에도 백인들이 로자 파크스에게 일어나라고 요구했다. 로자는 이를 거부했다. 나중에 경찰까지 와서 자리에서 일어나라고 강요하지만 로자 파크스는 조용하고 차분한 목소리로 말한다. "싫습니다." 로자가 차분하고 조용하고 당당하게 내뱉은 단 한 마디, "싫습니다."는 그 뒤 세상을 바꾸는 거대한 흐름을 만든다.

❷ 한쪽은 로자 파크스, 한쪽은 백인 경찰 역할을 한다. 로자 파크스 역할을 하는 쪽은 의자에 앉고, 백인 경찰은 서서 위협적인 자세와 표정을 짓는다. 백인 경찰은 온갖 협박과 논리로 로자 파크스에게 자리에서 일어나라고 말하고, 로자 파크스는 당당하고 조용한 목소리로 왜 일어나지 않는지를 밝힌다.

역할토론

백인 경찰	"로자, 일어나시오. 여긴 당신이 앉을 자리가 아니오."
로 자	"싫습니다. 여긴 공동 좌석입니다. 저도 여기에 앉을 권리가 있어요."
백인 경찰	"백인이 요구하지 않소. 우리가 요구하면 당신은 들어야 마땅하오. 일어나시오."
로 자	"싫습니다. 당신들의 부당한 요구에 응하지 않겠습니다."
백인 경찰	"난 경찰이요. 당신이 계속 거부하면 경찰서에 끌려가 처벌을

로　자	"당신이 경찰이라 해도 부당한 요구는 받아들이지 않겠습니다."
백인 경찰	"그럼 당신은 이 도시에 편히 못 살아! 당신뿐만 아니라 가족들까지 제대로 살 수 있을 거 같아?"
로　자	"휴, 물론 당신이 그렇게 하겠다고 하면 이곳에 사는 것이 쉽지 않겠지요. 그리고 부당한 요구에 당당히 맞선 저를 가족들은 지지해 줄 것입니다."

받을 거요."

로　자　"당신이 경찰이라 해도 부당한 요구는 받아들이지 않겠습니다."

백인 경찰　"그럼 당신은 이 도시에 편히 못 살아! 당신뿐만 아니라 가족들까지 제대로 살 수 있을 거 같아?"

로　자　"휴, 물론 당신이 그렇게 하겠다고 하면 이곳에 사는 것이 쉽지 않겠지요. 그리고 부당한 요구에 당당히 맞선 저를 가족들은 지지해 줄 것입니다."

Saturday 일어나요, 로자 _ 글 쓰는 식탁

베껴쓰기

로자 파크스가 "싫습니다."라고 말한 뒤에 펼쳐지는 장면을 베껴쓰기를 권한다. 올바른 사회를 위해서는 행동하는 양심, 진리를 말하고 실천하는 용기가 필요함을 느끼게 하는 글이다.

함께 글감 찾기
···▶ **글감 : 차별에 대해 쓰기**

부모의 도움말

"피부색이 다르다고 버스 자리까지 차별한다니 정말 심했다. 그치? 그런데 차별은 1950년 미국에만 있는 것은 아니야. 우리나라에서도 아직 많은 차별이 남아 있어. 너도 차별을 경험했는지 모르겠구나. 경험하지 않았더라도 주위에서 차별이 일어나는 것을 볼 수도 있었을 거야. 네가 본 차별, 네가 경험한 차별을 주제로 글을 써 보렴. 솔직한 경험을 쓰는 것이 가장 좋아.”

거침없이 쓰기

‘차별은 나쁩니다. 왜냐하면~’ 식으로 쓰기보다는 구체적인 사건, 구체적인 경험을 쓰도록 한다. 아이들은 차별받거나 불공평할 때 가장 억울해 한다. 학교생활 속에서, 형제 사이에서 차별을 받았거나 목격한 경험은 누구나 한 번쯤은 있다. 경험을 떠올렸으면 시간과 목표 분량을 정한다. 쓰기 시작하면 멈추지 않고 끝까지 써 내려간다.

소리 내어 읽기(자녀)

로자 파크스는 조용하고 강한 목소리로 “싫습니다.”라고 말했다. 차별과 부당함을 호소하는 글을 꼭 큰 소리로 읽을 필요는 없다. 조용하면서도 강인한 목소리로 읽는다.

감상하기(부모)

아이가 말하는 차별 상황에 대해 공감한다. 그리고 그 차별에 대한 의견을 함께 나눈다. 부모와 진지하고 솔직하게 이야기를 나누면 아이는 솔직하게 글을 쓴 보람을 느낀다. “그때 형이라서 차별을 받았다고 느꼈구나. 그러게 충분히 그럴 만하겠다. 엄마가 미안한 걸.”, “학교에서 그런 일이 있었어? 야, 정말 억울했겠다.”

❶ 아이는 부모를 보고 배운다. 부모의 말을 보고 배우지 않고, 행동을 보고 배운다. 아이가 건강한 인터넷 생활을 하게 하려면 부모가 건강한 인터넷을 하는 모습을 보고 배우게 해야 한다. 그래서 부모가 하고 있는 인터넷 활동을 아이에게 보여 주는 것이 필요하다.

❷ 트위터, 페이스북, 미니홈피, 블로그, 카페 등 개인적으로 활동하고 있는 영역을 아이에게 보여 준다. 그리고 부모가 남긴 글도 함께 읽는다. 아이에게 보여 주기 껄끄럽거나 부끄러운 내용이 있다면 사전에 정리한다. 부모로서 아이에게 떳떳한 인터넷 생활을 하고 있는지 생각해 보자.

❸ 부모가 이용하는 소셜 미디어가 있다면, 아이가 글을 남길 기회를 준다. 아이의 댓글은 부모를 행복하게 한다.

4장

초등 3~4학년의 실천법
: 글 쓰는 재미를 들이자 :

초등 3~4학년은 본격적으로 논리력이 성장하는 시기다. 세상을 좋고 싫음이 아니라 옳고 그름으로 바라보는 능력이 생긴다. 연역적 사고, 추상적 사고 능력도 비약적으로 발전한다. 그래서 이 시기에 토론과 글쓰기를 많이 해야 고난이도의 사고력이 발전한다. 3~4학년은 1~2학년에 견주어볼 때 제법 말상대가 되지만, 아직 논리력이 크게 성장하지는 못했으므로 자기 논리를 계속해서 펼쳐 나갈 기회를 많이 제공해야 한다. 이 시기를 어떻게 보내느냐에 따라 글쓰기를 좋아하기도 하고, 싫어하기도 한다. 결정적인 고비이므로 글 쓰는 재미를 들이는 데 신경을 써야 한다.

첫째 주

1 week

책 읽기

조커, 학교 가기 싫을 때 쓰는 카드

(수지 모건스턴 글, 문학과 지성사 펴냄)

단언컨대 이 책을 좋아하지 않는 아이는 없다. 아이들이라면 누구나 꿈꾸는 교실, 아이들이 가장 만나고 싶은 선생님. 아이들이라면 모두 갖고 싶은 조커가 이 책에 있기 때문이다. 『조커』는 아이들에게 꿈이요, 희망이다. 왜 우리 교육에는 노웰 선생님 같은 분을 찾아보기 힘든 것일까? 학교마다, 교실마다 조커가 있고, 조커를 기꺼이 받아 주고 선물해 주는 노웰 선생님 같은 분이 계시다면 아이들이 정말 행복할 텐데 말이다.

Mon
day
토론하는 거실

낭독하기

27~32쪽을 낭독한다. 샤를르가 조커를 쓰는 기쁨을 만끽하고, 롤랑은 역사 수업이 한창일 때 조커를 내밀고 춤을 춘다. 노웰 선생님은 로큰롤을 추는 법을 가르쳐 주겠다면서 CD를 틀어놓고 몸을 흔들다 교장선생님이 오

자 함께 춤을 추려고 하지만 안타깝게도 교장선생님은 춤을 거부하고 노웰 선생님을 교장실로 부른다. 조커를 쓰고 늦잠을 마음껏 자는 기분, 수업 시간에 수업을 멈추고 춤을 추는 기분으로 낭독한다.

역할토론 상황 이해하기

❶ 교장 선생님과 노웰 선생님은 교육에 대한 생각이 전혀 다르다. 교장선생님은 상급 학교 진학을 위한 실력을 기르는 것이 가장 중요하다고 생각한다. 그래서 철저한 규율과 많은 공부를 요구한다. 반면에 노웰 선생님은 아이들이 수업 시간에 춤도 추고, 결석하고 싶을 때는 결석하게 한다. 텔레비전 안 보기 협정, 몸으로 기다리는 훈련 연습 등 생활 교육도 매우 중요하게 여긴다.

❷ 한쪽은 교장 선생님 역할, 한쪽은 노웰 선생님 역할을 한다. 아이가 먼저 자신이 원하는 역할을 선택해야 역할토론이 원활하게 이루어진다. 노웰 선생님을 맡은 쪽은 이 책에 나온 교육 방법이 좋다고 주장하고, 교장 선생님은 상급 학교에서 우수한 성적을 거두기 위해서는 제대로 된 규율과 치열한 학습이 중요하다고 강조한다.

❸ 교장 선생님과 노웰 선생님이 나온 그림을 복사한 뒤 오려서 손에 들고 논쟁하면 진짜처럼 여겨져 더욱 흥미진진하다.

역할토론 예시

노웰 선생님	"아이들에게는 자유가 가장 필요합니다. 아이들은 자유롭게 지낼 권리가 있습니다."
교장 선생님	"자유가 중요하다고요? 아닙니다. 학교에서는 질서를 가르쳐야 합니다. 질서를 배우지 않을 거라면 학교는 왜 옵니까? 그냥 집에서 혼자 자유롭게 지내면 되지요."
노웰 선생님	"자유롭게 지내다 보면 아이들 스스로 무엇이 옳은지, 무엇이 그른지를 깨닫습니다."
교장 선생님	"깨닫는다고요? 한꺼번에 조커를 사용해 결석한 아이들을 보세요. 그런 아이들이 깨달은 건가요? 아주 못된 녀석들이에요."
노웰 선생님	"하루쯤 조커를 사용해 결석을 했다고 해서 뭐가 문제가 되나요? 그 하루가 아이들에게 행복을 주고, 무언가 새로운 깨달음을 주었다면 그게 훨씬 소중하다고 생각합니다."
교장 선생님	"그건 무책임한 말이에요. 교육자가 아이들을 그렇게 내버려 두면 아이들은 제멋대로 자라납니다. 교육자는 아이들을 올바르게 키우기 위해 노력해야 해요."
노웰 선생님	"저는 인생의 시련들이라는 수업도 하고, 책과 친해지게 하기도 하고, 텔레비전 끄기 협정도 맺습니다."
교장 선생님	"노웰 선생님은 도대체 공부를 언제 가르칩니까?"

베껴쓰기

엥카르나시옹 페레 교장 선생님을 좋아하는 사람은 아무도 없다. 34~35쪽을 보면 그럴 만한 이유가 충분하다. 엥크르나시옹 페레 교장 선생님이 어떤 사람인지 소개한 부분을 베껴 쓴다. 교장 선생님을 설명한 글을 쓰면서 사람의 특징이나 성격을 서술하는 방법을 배운다. 시간이 충분하면 노웰 선생님의 인상을 소개한 책 첫 머리 부분도 베껴 써 보기를 권한다.

함께 글감 찾기

····→ 글감 : 내가 아는 학교 선생님

부모의 도움말

"노웰 선생님도 독특하지만 페레 교장 선생님도 참 독특한 분이네. 그러고 보면 학교에는 참 독특한 선생님들이 많아. 아빠 학교 다닐 때도 그랬지. 학교 선생님하면 가장 먼저 생각나는 얼굴을 떠올려 봐. 그 선생님의 외모, 옷차림, 성격, 가르치는 방법은 어떠니? 그 선생님과 있었던 사건이나, 관련한 일화도 기억해 봐. 페레 교장 선생님처럼 마음에 안 드는 선생님에 대한 글을 써도 돼. 아빠도 예전에 마음에 안 드는 선생님이 있었거든. 물론 좋아하는 선생님도 있었지. 생각을 정리했으면 이제 거침없이 글을 써 보렴."

거침없이 쓰기

아이들은 자신이 좋아하는 선생님을 떠올리기도 하지만, 자신이 싫어하는 선생님을 떠올리기도 한다. 좋은 선생님은 상관없지만 싫어하는 선생님에 관한 글을 쓰면 비난하거나, 험담하는 이야기가 나올 가능성도 있다. 부모가 비난이나 험담을 글로 써도 괜찮다는 신호를 확실히 보내면 아이는 부담 없이 글을 쓴다. 원고를 쓸 시간과 분량을 정한 뒤에, 모래시계를 뒤집거나 스톱워치를 누르는 것을 신호로 거침없이 쓴다. 한 번 쓰기 시작하면 멈추지 않고 시간이 다 될 때까지 빠른 속도를 유지한다.

소리 내어 읽기(자녀)

자신이 쓴 글은 항상 당당하게 읽는다. 표현은 부끄러운 것이 아님을 소리 내어 읽기를 통해 느끼게 한다.

감상하기(부모)

멋진 선생님 이야기가 나오면 "멋진 선생님이구나!", 미운 선생님 이야기가 나오면 "그래, 그래서 싫겠구나!", 절묘한 비유나 묘사가 나오면 "그 문장, 통통 튀는구나!"라고 말한다. 그리고 아이에게 선생님 이야기를 들었으면, 부모도 자신의 기억 속에 묻혀 있는 선생님을 떠올려 본다. 부모의 과거는 아이에게 친근감과 더불어 용기를 준다. 공감을 통해 친숙하게 느끼고, 든든한 동지가 생겼다는 든든함에 용기가 샘솟을 것이다.

Wednes day 토론하는 거실

낭독하기

42쪽 아랫부분부터 48쪽 윗부분까지 낭독한다. 시끄럽게 떠드는 조커를 사용하는 장면은 시끄럽게 읽고, 뽀뽀를 하는 장면은 사랑스럽게 읽고, 한꺼번에 결석하는 장면에서는 텅빈 교실이 생각나도록 조용하게 읽는다. 상황에 맞게 낭독의 색깔이 변해야 글맛이 살아난다.

역할토론 상황 이해하기

❶ "조커를 사용하지 않으면 조커는 너희와 함께 죽는다."는 노웰 선생님의 말을 들은 뒤 아이들은 떠들고 싶을 때 쓰는 조커를 한꺼번에 사용한다. 교장 선생님은 아이들이 한꺼번에 떠드는 소리에 분노한다. 한꺼번에 다 같이 조커를 사용하면 훨씬 재미있다는 것을 안 아이들은 어느 날 단체로 '학교 가기 싫을 때 쓰는 조커'를 사용한다. 노웰 선생님은 텅빈 교실에 들어서야만 했다. 교실에는 이미 조커를 써 버린 샤를르만 와 있다. 이 사건을 목격한 교장 선생님은 결국 노웰 선생님을 학교에서 쫓아 내기로 결심한다.

❷ 한쪽은 샤를르가 되어 모든 조커를 한꺼번에 사용한 결정은 좋지 않았다고 주장한다. 한꺼번에 떠들어서 교장 선생님을 화나게 했고, 모두가 결석을 해서 결국 노웰 선생님이 쫓겨나게 되었다는 근거를 제시한다. 반면에 한쪽은 반 아이들 중 한 명('로랑'이나 '베랑제르')이 되어 한꺼번에 떠들고, 한꺼번에 뽀뽀하고, 한꺼번에 결석한 결정은 올바른 선택이었다고 주장한다. 다함께 사용하면 훨씬 재미있고, 그렇게 한꺼번에 쓰

는 것과 상관없이 교장 선생님은 노웰 선생님을 미워했다는 것이 그 근
거다.

역할토론 예시

샤를르　"우리들이 한꺼번에 조커를 사용해서 떠드는 바람에 교장 선생님이
　　　　화가 많이 나셨어. 너희들이 한꺼번에 조커를 사용해 결석하는 바람
　　　　에 노웰 선생님은 쫓겨나게 되셨고."

베랑제르　"한꺼번에 조커를 사용하면 훨씬 재미있다는 것은 너도 알잖아. 우
　　　　리는 그래서 사용했을 뿐이야."

샤를르　"재미있지. 그리고 노웰 선생님은 쫓겨나셨고."

베랑제르　"노웰 선생님은 '조커를 사용하지 않으면 조커는 너희와 함께 죽는
　　　　다'고 말씀하셨어. 그러니 당연히 사용해야 하고, 어떻게 사용하는지
　　　　는 우리들 자유야."

샤를르　"그래, 자유지. 그리고 우리들에게 정말 소중한 선생님이 피해를 보
　　　　는 일은 하지 않을 책임이 우리에게는 있어. 조커는 신중하게 사용
　　　　해야 해."

베랑제르　"물론 신중하게 사용해야 해. 그리고 우리가 한꺼번에 사용한 것과
　　　　상관없이 페레 교장 선생님은 노웰 선생님을 못마땅하게 여겨서 언
　　　　젠가 쫓아 내셨을 거야."

샤를르　"교장 선생님이 노웰 선생님을 미워한 것은 맞아. 그리고 우리가 한
　　　　꺼번에 떠들고, 결석하지 않았다면 쫓아 내겠다는 결심은 안 했을

거야."

베랑제르 "그럴까? 난 그 의견에 동의하지 않아. 그리고 노웰 선생님은 학교를 떠나셔서 행복하고 영예로운 은퇴 생활을 위한 조커를 사용하셨어. 그것은 선생님께도 좋은 일이야."

샤를르 "그건 그래. 그리고 우리나 다른 아이들이 노웰 선생님을 다시는 만나지 못하는 건 슬픈 일이지."

글 쓰는 식탁

베껴쓰기

42쪽 "인생에는 조커가 있다는 사실을 잊지 말아라. 너희가 사용하지 않는 조커들은 너희와 함께 죽고 마는 거야." 부분부터 베껴 쓰면서 이 문장의 의미를 곱씹어 보기를 권한다. 교장 선생님이 노웰 선생님을 교장실로 불렀을 때 노웰 선생님이 슬그머니 '벌을 받고 싶지 않을 때 쓰는 조커'를 내밀고 멀어지는 모습, 아이들이 단체로 뽀뽀해 주는 모습을 통해 서사문 쓰는 법을 익힌다.

함께 글감 찾기
···▶ **글감 : 동영상 보고 서사문 쓰기**

준비물 : 동영상 파일

"여기, 우리가 지난번에 놀러 갔을 때 찍은 동영상이 있어. 정말 재미있게 놀았지? 이 동영상을 자세히 보고 글을 쓰는 거야. 장면을 잘 기억하렴. 한 번 보고 기억하기 어려우면 여러 번 봐도 좋아. 동작이나 사건을 눈에 보이는 대로 쓰는 거야. 사람은 보는 눈이 다 달라. 똑같은 것을 보고도 전혀 다르게 보는 것이 사람이지. 그러니 네 눈으로 봐. 네 눈으로 동영상을 보고 그걸 글로 옮기는 거야. 자, 이제 해 보자."

거침없이 쓰기

동영상이 짧을 경우 동영상을 한 번만 보고 글을 끝까지 쓴다. 동영상이 길어서 한꺼번에 기억하기 힘들 경우에는 글 쓰는 시간을 1분 정도씩 끊는다. 동영상 보고 1분 쓰고, 동영상 보고 1분 쓰는 방식이다. 그보다 짧은 단위로는 끊지 않도록 한다. 거침없이 쓰기의 핵심 원리는 말 그대로 처음부터 끝까지 쉬지 않고 거침없이 쓰는 것이다.

소리 내어 읽기(자녀)

즐거운 동영상이면 즐겁게, 멋진 동영상이면 멋지게 읽는다. 동영상의 느낌과 목소리의 느낌이 엇비슷해야 한다.

감상하기(부모)

동영상을 어떤 방식으로 표현했는지에 주목한다. "영상이 글로 옮겨 갔구나!"라는 말은 글이 한 편의 영화를 보듯이 잘 그려 냈다는 뜻이다. 장면이

나 사건, 동작을 어떤 문장으로 옮겼는지에 주목한다. 좋은 문장을 격려하면 아이는 다른 글을 쓸 때도 멋진 문장을 쓰려고 노력한다. 동영상의 느낌과 글의 느낌을 견주어 말해도 좋다. 이때 "글에 이러저러한 것이 빠졌네." 식으로 평가하는 것은 피한다.

Friday ## 토론하는 거실

낭독하기

62쪽 가운데부터 끝까지 읽는다. 노웰 선생님이 학교를 떠나는 장면이다. 마지막 만남에서 아이들은 조커의 새로운 의미를 깨닫는다. '~를 위한 조커'라는 문장을 읽을 때 힘을 주어서 읽는다. 조커는 바로 아이들, 아니 우리 모두를 위한 선물이므로.

역할토론 상황 이해하기

❶ 노웰 선생님은 조커는 써야 한다고 말한다. 조커를 잔뜩 모아서 가지고 있던 베랑제르는 사용하지 않은 사람이 더 낫다고 생각하지만 노웰 선생님 말씀을 듣고 후회한다. 노웰 선생님은 묻는다. "사람은 태어나면서 자동으로 조커를 갖게 되는데, 어떤 조커들일까?" 아이들은 인생에서 이미 주어진 조커들을 이야기한다. 그리고 자신에게 주어진 인생의 조커를 인생이 끝나기 전에 마음껏 사용해야 한다는 것을 깨닫는다. 우리에게는 이미 많은 조커가 있다. 인생을 더욱 값지고, 행복하고, 기쁘게 하

는 조커가 우리에게는 매우 많다. 그 조커를 사용하느냐, 사용하지 않느냐는 오로지 조커를 지닌 사람의 몫이다.

❷ 자기 인생에 주어진 최고의 조커를 선정한다. 단 하나만 선정해야 한다. 책에 있는 것도 좋고, 스스로 만들어도 좋다. 아이가 먼저 조커를 선택하면, 부모는 아이의 조커랑 성격이 다른 조커를 선택한다. 둘 중 어떤 조커가 인생에서 더 소중한 조커인지 토론한다.

❸ 역할토론을 약간 변형한 토론이다. 역할토론이 '등장인물'로 역할을 나누어 토론하는 것이라면, 이 토론은 '추상적 개념'으로 역할을 나누어 토론하는 것이다. 예를 들어 '자유롭게 상상하기 위한 조커'와 '배움을 위한 조커'가 토론을 한다고 하면 '자유~'와 '배움~'이 살아 있는 인물이 되는 것이다. 그래서 '자유~'와 '상상~' 중 어떤 것이 더 인생에서 소중한지를 토론한다. 이런 식의 토론은 현실에서도 흔하게 일어난다. 드라마를 볼 것인지, 뉴스를 볼 것인지, 거실 오른쪽에 소파를 놓을 것인지, 왼쪽에 소파를 놓을 것인지, 반장 선거에서 경쟁하는 후보자들 사이에서 누가 뽑히는 것이 나을 것인지에 대해 벌이는 논쟁 등은 모두 같은 형식의 토론이다.

역할토론 예시

자　녀　"난, 자유롭게 상상하기 위한 조커."

부　모　"난, 배움을 위한 조커."

[자유~]　"자유롭게 상상하면 창의력이 무궁무진하게 커집니다. 창의력은 새로운 것을 만드는 힘을 길러 주고, 성공적인 삶을 살기 위해 꼭 필요

하므로 자유롭게 상상하기 위한 조커가 인생에서 가장 소중한 조커입니다."

[배움~] "사람은 배움이 중요합니다. 배워야 무언가를 할 능력이 생깁니다. 끊임없이 배우고 익히는 즐거움이 빠진 인생은 정말 맥 빠진 인생입니다."

[자유~] "배우는 것이 즐겁다는 말씀이군요. 그리고 배우는 즐거움보다 새로운 것을 만드는 즐거움이 훨씬 큽니다."

[배움~] "새로운 것을 만드는 즐거움이 크지요. 그리고 창조는 배움 뒤에 옵니다. 배움이 먼저고 창조가 나중입니다. 그리고 새로움을 배우는 기쁨은 정말 큽니다."

[자유~] "배우는 기쁨이 크지요. 그리고 상상하는 기쁨은 더욱 큽니다. 상상력으로 만든 책, 영화, 만화, 게임, 얼마나 큰 기쁨을 주는지 모릅니다."

Saturday 글 쓰는 식탁

베껴쓰기

책에 나와 있는 모든 조커들을 베껴 쓴다. 노웰 선생님이 아이들에게 선물한 조커, 샤를르와 노웰 선생님이 만들었던 조커, 그리고 마지막에 아이들과 노웰 선생님이 대화를 나눌 때 등장하는 조커까지 모두 쓴다. 그리고 가만히 읽는다. 우리가 갖고 싶은 조커가 정말 많지만, 실제로 이미 갖고 있는 조커가 훨씬 많다.

함께 글감 찾기

⋯▶ 글감 : 엄마에게 조커를 만들자는 편지 쓰기

부모의 도움말

"조커를 정말 갖고 싶지? 네가 다니는 학교에 그런 조커가 있으면 정말 좋겠다. 집에서도 조커가 있으면 좋겠지? 좋아, 그럼 너도 조커를 만들자는 요구를 편지로 보내보렴. 엄마를 설득해야 해. 엄마 귀가 솔깃하게 써 봐. 물론 억지로 우기기만 하면 안 들어 줄 거야. 충분한 근거를 바탕으로 설득하면 들어 준다고 약속할게. 자, 지금부터 엄마를 설득해 봐. 어떻게 설득할지 기대할게."

거침없이 쓰기

별 말을 하지 않아도 주제가 주는 매력 때문에 거침없이 쓴다. 이런 글을 쓸 때는 오히려 조금 신중하게 생각해서 어떻게 하면 엄마를 설득할 수 있을 것인지 곰곰이 생각하도록 한다. 생각이 깊어야 글도 깊은 법이다.

소리 내어 읽기(자녀)

'엄마, 이래도 안 들어 줄 거야?' 하는 마음으로 읽는다. 소리에 실린 감정만으로 엄마의 마음을 움직이겠다는 각오로 읽는다.

감상하기(부모)

아이의 제안을 받았으면 응답해야 한다. 함께 조커를 만든다. 아이가 사용할 조커만이 아니라 부모도 아이에게 사용할 조커를 만든다. 조커를 만들

때는 서로 공평하다고 느껴야 한다. 예를 들어 아이에게 '게임 하루 종일'이라는 조커와, 엄마에게 '안마 1분 해 주기'와 같은 조커는 비슷한 수준이 아니다. '게임 1시간 더'라는 조커에는 '엄마 심부름 세 가지 해 주기' 조커 정도가 비슷한 수준이라 할 만하다. 자신이 조커를 쓰기 위해서는 상대방에게도 그에 맞는 조커를 지불해야 함을 배우게 한다. 조커를 주었으면 노웰 선생님처럼 즐기기를 바란다. 한 번으로 끝내지 말고 일정한 시기마다 한 번씩 조커를 만들어 교환하거나, 인생의 조커를 만들어 필요할 때 서로 선물하면 정말 좋다.

Sun day 인터넷 글쓰기 _ 도움되는 사이트 즐겨찾기 등록

❶ 인터넷은 넓다. 정보의 바다인 인터넷 세상을 살아가기 위해서는 많은 지식이 아니라 좋은 지식과 나쁜 지식, 진실과 거짓을 구분하는 판단능력을 길러야 한다. 수많은 정보 중에서 진짜 필요하고, 도움이 되는 정보가 무엇인지 판단하는 능력이 필요하다. 정보 검색 능력이 아니라 정보 판단 능력이 훨씬 중요하다.

❷ 아이 스스로 자신에게 도움이 될 만한 사이트를 검색한다. 필요성과 신뢰성을 판단한 뒤에 즐겨찾기에 등록한다. 함께 이야기를 나누는 과정에서 좋은 사이트를 구분하는 법, 신뢰성을 판단하는 방법을 익히게 한다.

❸ 좋은 사이트 한 곳을 골라 첫 기록을 남긴다. 회원가입을 하고 싶다고 하면 신중하게 생각한 뒤에 선택한다.

둘째 주
2 week

생쥐 아가씨와 고양이 아저씨

(제임스 마셜 글, 논장 펴냄)

생쥐 아가씨와 고양이, 돼지와 돼지 아가씨 이야기 등 짧고
재미있는 우화가 여러 편 실려 있다. 아무 생각 없이 그냥
재미있게 읽을 수도 있고, 무언가 고민하고, 생각하며 읽을
수도 있는 책이다. 재미 속에 숨은 토론 주제가 많아서 어린
이와 함께 깊은 토론을 하기에 적합한 책이다.

Monday 토론하는 거실

낭독하기

'생쥐 아가씨' 편을 읽는다. 생쥐 아가씨가 고양이 집을 잘못 찾아온 데부터
생쥐 아가씨가 '자신이 상냥하고, 부지런하고, 너그럽게 대하면 아무리 사
나운 동물이라도 사이좋게 지낼 수 있다.'라고 생각한 데까지 읽는다(15쪽).
생쥐 아가씨 부분은 순진하게, 고양이 부분은 엉큼한 목소리로 읽는다.

역할토론 상황 이해하기

❶ 어느 날 늙은 고양이 토마스 집에 생쥐 아가씨가 찾아온다. 생쥐 아가씨는 가정부를 구한다는 광고를 보고 왔는데 엉뚱한 집을 찾아왔다. 토마스는 아닌 척하며 생쥐 아가씨를 맞아들인다. 그리고 이제나 저제나 생쥐 아가씨를 잡아먹을 생각을 하지만 생쥐 아가씨가 제공하는 음식과 이야기에 빠져 잡아먹지 못한다. 생쥐 아가씨는 아무리 사나운 동물이라도 자신이 상냥하고 부지런하고 너그럽게 대하면 사이좋게 지내는 것이 가능하다고 믿는다.

❷ 한 쪽은 생쥐 아가씨가 되어 "자신이 상냥하고 부지런하고 너그럽게 대하면 어떤 사나운 동물과도 사이좋게 지낼 가능성이 있다."고 주장하고, 한 쪽은 생쥐 아가씨 친구(특별한 이름은 없다.)가 되어 "어떻게 고양이와 사이좋게 지내는 것이 가능하다고 생각하는지 이해하지 못하겠다."고 주장한다.

역할토론

생쥐 아가씨	"난 상냥하고 부지런하고 너그러워. 그래서 난 아무리 고양이라도 나와 같이 사이좋게 지내는 것이 가능하다고 믿어."
생쥐 친구	"넌 고양이에게 친절하게 대하면 사이좋게 지내는 것이 가능하다고 믿는구나. 정말 순진하다. 고양이는 고양이야. 고양이와 생쥐가 친해지는 것은 불가능해."
생쥐 아가씨	"친해지는 것이 불가능하다고? 아니야. 웃는 얼굴에 침 못 뱉는

	다는 말도 못 들었니?"
생쥐 친구	"그야 웃는 얼굴에는 침을 못 뱉지. 그리고 고양이는 침을 뱉는 게 아니라 너를 잡아먹을 거야."
생쥐 아가씨	"처음에는 그런 생각이 있을지도 모르지. 그리고 내가 정성을 다하면 달라질 거야. 원수 사이라도 정성을 다하면 미워하는 감정이 사라지고 화해를 해. 그것이 세상 이치야."
생쥐 친구	"원수 사이라도 정성을 다하면 미운 감정이 사라지기도 하지. 그리고 그것은 정말 드물어. 잠깐 좋아질지는 몰라도 원수일 정도면 결국 서로 심하게 싸우고 다툴 거야. 더욱이 고양이는 널 먹어 버릴 것이고."

Tuesday 글 쓰는 식탁

베껴쓰기

'생쥐 아가씨' 편에서 생쥐 아가씨가 '생쥐 요리법'이 담긴 신문을 보고 기겁을 하는 장면(23~24쪽)을 베껴 쓴다. 자신을 요리하려는 고양이의 숨은 의도를 알아채고 기겁을 하는 생쥐의 모습과 요리법을 섬세하게 그려 낸 글이 재미있다. 요리법을 통해 서사를 쓰는 방법을 익힌다.

함께 글감 찾기
··· 글감 : 요리하는 엄마 모습 쓰기

"엄마가 이제부터 요리를 할 거야. 물론 생쥐 요리는 아니야. 엄만 생쥐 요리를 할 자신은 없어. 만지기 싫기도 하고 맛도 없을 거야. 생쥐가 아니니까 걱정하지 말고 엄마가 어떻게 요리를 하는지 잘 지켜 보렴. 다른 것은 쓸 필요 없고, 엄마가 요리하는 모습을 영화를 찍듯이 글로 쓰면 돼. 엄마는 맛있게 요리할 테니 넌 맛있는 글을 써 보렴."

거침없이 쓰기

엄마가 요리하는 모습을 자세히 지켜 본다. 지켜 보면서 써도 좋고, 지켜 보면서 간단하게 메모한 뒤에 한꺼번에 써도 좋다. 엄마가 하는 동작에 초점을 맞추고, 요리 과정도 자세히 표현한다. 눈을 감고도 선명하게 엄마 모습이 떠오르게 쓴다. 엄마가 아니라 아빠가 요리하는 모습이면 금상첨화다.

소리 내어 읽기(자녀)

맛있는 글을 읽을 때는 맛있게 읽는다. 중간에 침이 꼴깍꼴깍 넘어가는 효과음을 삽입하면 어떨까?

감상하기(부모)

자신이 요리하는 모습이 어떻게 활자로 바뀌는지 확인하는 재미로 감상한다. "난 이런 동작을 이렇게 했는데 그걸 이렇게 표현했구나." 하고 말해 준다. 맛있게 요리를 먹으면서 감상하면 더욱 좋다. "네가 쓴 글을 들으면서 요리를 먹으니 더 행복하다."

낭독하기

'돼지가 천국에 갔을 때' 편이다. 마르셀 아저씨네 식당에서 돼지와 롤라 양이 함께 식사를 하는 장면을 읽는다(44~49쪽). 돼지와 롤라 양은 정말 돼지답게 음식을 먹는데, 다른 이들이 보기에는 조금 지저분해 보이므로 주변의 껄끄러움을 잘 살려가며 읽는다.

역할토론 상황 이해하기

❶ '돼지가 천국에 갔을 때' 편에서 돼지는 새로 이사 온 돼지아가씨 롤라 양을 보고 첫눈에 반한다. 데이트를 신청하자 롤라 양이 선뜻 응한다. 친구들은 최고급 식당인 마르셀 아저씨네로 가서 저녁 식사를 하며 데이트를 하기를 권하고, 최고급 식당에 어울리는 에티켓을 알려 준다. 돼지는 멋진 데이트를 위해 열심히 에티켓을 준비하지만, 정작 최고급 식당에 가서는 가장 돼지스럽게 음식을 먹는다. 손으로 집어서 음식을 먹고, 쩝쩝거리고, 주위 눈치는 전혀 보지 않고 게걸스럽게 먹어치운다. 마지막에는 이를 쑤시고 '꺼억'하며 트림도 한다. 저녁을 다 먹고 나가는 돼지와 롤라 양에게 마르셀 아저씨는 "음식을 진짜로 맛있게 드실 줄 아는 손님을 모시게 되어 정말 기쁘다."라고 인사를 한다.

❷ 한쪽은 마르셀 아저씨가 되어 최고급 식당에서 예절은 전혀 지키지 않았지만 정말 맛있게 먹은 돼지와 롤라 양이 최고의 손님이라고 이야기를 한다. 다른 쪽은 식당의 다른 손님이 되어 최고급 식당에서 지켜야 할 에티켓을 전혀 지키지 않은 두 사람이 좋지 않은 손님이라고 주장한다.

돼지와 롤라 양은 최고의 손님일까? 아니면 에티켓을 전혀 지키지 않은 엉망진창 손님일까?

역할토론 예시

마르셀 아저씨 "돼지와 롤라 양은 최고의 손님입니다. 어찌나 맛있게 음식을 먹는지 보고 있는 저도 침이 꿀꺽꿀꺽 넘어갈 정도였지요."

손 님 "맛있게 먹기는 했지요. 그리고 옆에서 지켜 본 저는 하도 시끄럽고 지저분하게 먹어서 기분이 매우 좋지 않았습니다."

마르셀 아저씨 "예의를 차리지 않아서 기분 나쁘셨군요. 기분 나쁠 수도 있죠. 그래도 식당에서 최고의 손님은 음식을 맛있게 먹는 손님입니다."

손 님 "요리사에게는 음식을 맛있게 먹는 손님이 최고겠지요. 그리고 다같이 먹는 식당에서는 예의도 중요합니다. 예의를 지킬 줄 모르는 손님이 최고의 손님일 수는 없지요."

마르셀 아저씨 "식당에서 예의를 지켜야죠. 그리고 식당에서 최고의 예의는 맛있게 먹는 것이라 생각합니다."

손 님 "음식 맛은 분위기에 따라 달라집니다. 이런 고급 식당에 오는 것은 고급스러운 분위기를 즐기기 위해서입니다. 두 사람은 고급스러운 분위기에 전혀 어울리지 않았어요."

마르셀 아저씨 "전 최고로 어울린다고 생각합니다. 돼지는 돼지답게 먹는 것이 가장 고급입니다. 그들은 가장 돼지스럽게, 즉 가장 고급스럽게 먹었습니다."

베껴쓰기

'돼지가 천국에 갔을 때' 편에서 돼지와 돼지아가씨 롤라가 재미있게 음식을 먹는 장면을 베껴쓰기를 권한다. 동작과 대화가 잘 어우러져 있는 장면으로, 돼지다운 것이 무엇인지 매우 실감나게 쓴다. 어떤 동작이나 행동, 대화를 실감나게 쓰는 법을 익힌다.

함께 글감 찾기

···▸ **글감 : 좋아하는 음식 오감쓰기**

부모의 도움말

"음식은 다섯 가지 감각이 전부 살아 있어. 색깔이 빛나고, 냄새가 나고, 맛이 있고, 촉감도 있어. 소리가 없다고 생각할지 모르지만 음식을 자르거나 집을 때, 그리고 씹을 때 소리가 나. 그러니 다섯 가지 감각이 생생하게 살아 있지. 자! 여기 네가 먹고 싶어 하는 요리가 있어. 다섯 가지 감각을 모두 느껴 봐. 마음껏 느끼고, 맛있게 먹어. 먹고 난 뒤에 느끼는 대로 써 보렴."

거침없이 쓰기

음식은 먼저 눈으로 맛을 본다. 눈 뒤에는 냄새로 맛을 본다. 젓가락이나 포크를 쓸 때의 촉감과 소리도 맛의 일종이다. 이 네 가지 감각으로 충분히 맛을 음미한 뒤에 마지막으로 미각을 사용한다. 다섯 가지 맛을 쓰기 위해서는 다섯 감각을 충분히 사용해야 한다. 먹으면서 충분히 느끼고 기억해야 한다. 다 먹고 난 뒤에는 거침없이 쓴다.

소리 내어 읽기(자녀)

맛있게 읽는다. 감각은 심상을 자극한다. 심상을 떠올리며 읽는 능력을 기르면 상급 학교에서 배우는 어려운 '시'도 쉽게 이해할 수 있다.

감상하기(부모)

다양한 감각을 얼마나 절묘하게 잘 표현했는지에 관심을 기울인다. 미각이나 시각보다 촉각, 후각, 청각을 사용한 부분에 더 주목한다. "사각사각, 철그렁철그렁이라. 그런 소리가 났구나." 만약 엄마가 "음, 이렇게 맛있게 표현하다니 다른 맛있는 음식도 더 해 주고 싶은 걸."하고 말한다면 아이에게는 최고의 격려다.

Friday 토론하는 거실

낭독하기

'일기 예보하는 돼지' 편이다. 빵집 주인과 이발사가 돼지에 관해 대화하는 장면(87쪽)부터 마지막(91쪽)까지 읽는다. 진흙 미끄럼틀을 타면 얼마나 신날 것인지를 생각하며 읽는다. 신나는 글은 신나게 읽어야 제맛이다.

역할토론 상황 이해하기

❶ '일기 예보하는 돼지' 편에서 돼지는 진흙 미끄럼 길을 만들어 장사를 한다. 아이들은 진흙 미끄럼 길에서 노는 것을 너무 좋아한다. 돼지 친구인 이발사도 멋진 사업이라고 칭찬한다. 그러나 이 사업은 오래 가지 못한다. '돼지, 드디어 철이 들다' 편을 보면 그 이유가 나오는데, 아이들이 머리부터 발끝까지 진흙을 뒤집어쓰고 돌아오는 것을 부모들이 싫어했기 때문이다. 아마도 부모들이 돼지에게 많은 항의를 한 모양이다.

❷ 한쪽은 부모가 되어 돼지의 진흙 미끄럼 길 사업에 항의하고, 한쪽은 돼지가 되어 진흙 미끄럼 길 사업이 아이들을 위해 좋다고 응수한다. 돼지는 원하는 사업을 자유롭게 할 권리를 강조한다면, 엄마는 책임 있는 사업을 할 의무를 강조한다. 돼지 역할을 맡은 쪽이 돼지 인형이나 종이 인형을 사용하면 더욱 실감난다.

역할토론 예시

부 모 "돼지 씨! 당신 사업 때문에 우리 아이들이 날마다 엉망진창이 되어 들어옵니다. 하루 이틀도 아니고 정말 감당을 못하겠어요. 그러니 당장 이 사업을 그만 두세요."

돼 지 "빨래가 걱정이시군요. 그리고 아이들은 마음껏 뛰어놀 자유가 있어요. 진흙에서 놀면 얼마나 신나고 재미있는지 모른답니다."

부 모 "재미있고 신나지요. 바로 그게 문제입니다. 너무 재미있으니 날마다 놀고 와요. 그러다보니 날마다 지저분한 옷과 신발, 흙투성이인

몸으로 집에 와요. 당신이 부모라면 정말 끔찍할 거예요. 이건 부모를 골탕 먹이는 사업이에요. 피해를 입힌다고요."

돼 지 "그렇긴 하죠. 그래도 아이들한테 행복을 선물해 주잖아요. 그리고 사업을 하고 말고는 제 자유랍니다."

부 모 "사업이 자유라고요? 그렇지 않아요. 남에게 피해를 끼치는 사업을 할 자유는 없어요."

돼 지 "제가 왜 피해를 끼친다고 하는지 모르겠군요. 아이들은 단지 재미있게 놀 뿐입니다. 피해를 따지려면 댁의 아이들에게 따지셔야죠."

Satur day 글 쓰는 식탁

베껴쓰기

이 책 전체에서 자신이 가장 마음에 들었던 부분을 고른다. 5분 이상의 시간을 정하고, 최대한 정성스러운 글씨로 또박또박 쓴다. 어떤 점이 마음에 들어서 썼는지 이야기를 나누면 더욱 좋다.

함께 글감 찾기

⋯▸ 글감 : 최근에 가장 신나게 놀았던 경험 쓰기

부모의 도움말

"진흙 미끄럼 길에서 놀던 아이들은 정말 신났겠다. 물론 엄마들은 정말 싫었겠지만. 엄마들도 재미있는 놀이를 돼지가 개발했다면 아이, 엄마, 돼지가 모두 이득을 봐서 일석삼조였을 텐데. 넌 요즘 가장 재미있게 논 게 언제야? 그때 누가랑 어디서 어떻게 놀았는지 기억나? 그 일을 자세히 떠올려 봐. 떠오르는 대로 써 보렴. 아빠도 네가 쓴 글을 읽고 얼마나 재밌었는지 알고 싶은 걸."

거침없이 쓰기

재미있는 일이 떠오르기만 하면 쓰기 어렵지 않은 글감이다. 흥미롭고 신나는 감정은 뛰어난 글쓰기 솜씨를 선물한다. 구체적인 사건, 자세한 장면, 그리고 생생한 감정을 표현하도록 한다. 정해진 시간이 되었는데도 더 쓰고 싶다고 하면 시간을 더 준다.

소리 내어 읽기(자녀)

재미있게 놀았던 때를 떠올리면서 다시 그렇게 재미있게 놀고 싶은 마음이 들 정도로 활기차고, 신나게 읽는다.

감상하기

아이가 기분을 함께 느껴 본다. "와! 정말 재미있고 신나게 놀았구나!" 만약 그 신나고 재미있는 경험이 부모와 함께 한 시간이었다면 "그렇게 재미있었다니, 우리 다음에 또 거기에 놀러가야겠네."라고 말하면 아이는 하늘을 나는 기분일 것이다. 글쓰기에 대한 흥미도 덩달아 하늘로 치솟을 것이다.

❶ 스펙이 화두다. 스펙은 경력이다. 경력은 살아온 흔적이며, 나아갈 방향이다. 사람을 알려면 삶을 알아야 한다. 대학과 회사는 과거를 통해 미래를 예상하고자 하고, 그래서 스펙이 중요하다. 스펙의 핵심은 관심과 노력과 재능이다. 자신이 어떤 분야에 관심을 기울이고, 그 분야에 노력을 기울여 왔으며, 그 과정에서 재능이 얼마나 발전했느냐.

❷ 스펙의 첫 출발은 자신만의 관심사다. 관심사는 특별히 미래를 고민하며, 대합입시와 취업을 고려하여 선택할 필요가 없다. 지금 이 순간 아이가 가장 좋아하고, 궁금해 하는 것을 선택한다. 관심이 커지면 스스로 탐구하고, 행동하고, 학습한다.

❸ 관심분야를 택했으면 그에 맞게 블로그나 소셜 미디어, 홈페이지를 구성한다. 관심이 있는 분야를 성실히 탐구하고 그 탐구의 흔적을 지속적으로 남기면 그것이 곧 스펙이다. 아니 스펙보다 훨씬 중요한 능력이 아이 안에 쌓인다.

새집머리 아모스

(마이클 델라니 글·그림, 시공주니어 펴냄)

하마인 아모스와 진드기 새인 쿰바, 아모스와 다른 동물들
이 나누는 대화를 정신없이 따라 가다보면 절로 웃음이 나
온다. 정말 단순한 오해에서 비롯한 일이 커지면서 아모스
는 하마로는 유일무이하게 '새집'뿐만 아니라 '알'까지 머리
에 이고 다닌다. 다른 하마들에게 따돌림을 당하고, 마음에
들었던 여자 하마에게도 차인다. 과연 아모스는 어떤 선택
을 할까? 아모스와 진드기 새는 평화롭게 공존할 수 있을
까?

Monday 토론하는 거실

낭독하기

'자무'편(27~30쪽)과 '자무의 충고'편(68~72쪽)을 낭독한다. 이 책은 대화가 중
심이다. 대화를 맛깔스럽게 읽으면 책 읽는 재미가 쏠쏠하지만, 대화를 밋
밋하게 읽으면 재미가 줄어든다. 아모스와 자무의 역할로 나누어 마치 대
화를 하듯이 읽는다. 중간에 나오는 지문도 아모스의 지문과 자무의 지문

으로 나누어지므로 그에 맞게 읽는다. 인물들을 흉내 내며 읽으면 그 자체로 한 편의 연극이 된다.

역할토론 상황 이해하기

❶ 벌레 때문에 고생하던 하마 아모스는 벌레를 잡아 줄 새를 구한다. '진드기 새'를 구한다는 말을 하지 않는 바람에 엉뚱한 새들이 찾아와 고역을 겪은 끝에 성실한 진드기 새 쿰바를 고용한다. 쿰바는 성실하기는 하지만 말귀를 못 알아듣는다. '집처럼 편안하게 생각하라.'는 말을 듣고 집을 지을 정도다. 새집머리를 머리에 이고 다니는 아모스를 보고 자무가 나타나 당장 그 새를 해고하라고 권한다. 아모스가 다른 모든 하마들의 웃음거리라면서. 며칠 뒤 아모스 머리에 새알까지 있는 걸 보고 자무는 기겁을 하면서 당장 쫓아 내라고 한다.

❷ 한쪽은 아모스 역할, 한쪽은 자무 역할을 맡는다. 자무는 지금 당장 쿰바를 해고하라고 하고, 아모스는 그럴 처지가 아니라고 말한다. 자무는 다른 하마와 다른 우스꽝스런 모습을 더 이상 하지 말라고 권하고, 아모스는 말귀를 못 알아듣는 것만 빼면 성실하게 일을 잘하는 쿰바를 굳이 해고할 생각까지는 없으며, 더욱이 알까지 낳았으니 동정심 때문에라도 그러지 못한다고 한다.

❸ 하마 인형이나 종이를 사용한다. '아모스'역할을 하는 쪽이 머리에 '새집' 모양을 만들어서 얹으면 정말 재미있을 것이다.

역할토론

자 무 머리 위에 그 우스꽝스런 새 둥지는 도대체 뭐니?"

아모스 "아, 이 거. 며칠 전에 진드기 새를 고용했는데 그 새가 둥지를 지었어."

자 무 "그 둥지를 당장 없애. 그리고 그런 새는 해고해 버려."

아모스 "그래도 해고는 너무 심해. 이 둥지도 어렵게 지은 것이고, 내가 말실수를 해서 지은 건데 내 책임도 있고."

자 무 "다른 하마들이 널 어떻게 생각하는지 아니?"

아모스 "어떻게 생각하는데?"

자 무 "별난 하마, 진드기 새 하나도 제대로 다루지 못하는 못난 하마, 머리에 새집이나 이고 다니는 웃긴 하마. 더 들려 줄까?"

아모스 "그래, 심각하구나. 난 몰랐어. 그래도 쿰바는 정말 성실하고 좋은 진드기 새야. 얼마나 열심히 일하는데."

자 무 "그 정도 진드기 새는 얼마든지 많아. 그러니 더 이상 다른 하마들의 놀림감이 되는 것은 그만 둬."

아모스 "놀림감이 되는 것은 싫지만 지금 쿰바가 알을 낳았어. 쫓아 내면 알들이 위험할 거야."

자 무 "어휴, 갈수록 태산이구나. 네 알도 아닌데 버려! 만약 그대로 다니면 넌 다른 하마들과 어울릴 기회를 영영 잃을지도 몰라."

베껴쓰기

'쿰바'편 중에서 대화를 나누는 부분을 베껴 쓴다(21쪽부터). 쿰바와 아모스의
대화가 꼬이면서 새집머리 사건이 벌어진다. 빠른 속도로 쿰바와 아모스의
대화가 진행되는데 간단하면서도 재미있는 말이 이어진다. 새집머리 아모
스는 대화글을 쓰는 방식을 습득하기에 아주 좋은 책이다.

함께 글감 찾기

···› **글감 : 부모와 자녀가 대화글 쓰기**

부모의 도움말

"쿰바와 아모스의 대화가 참 재미있네. 정말 재미있는 말장난이기도 해. 자,
그럼 우리도 쿰바와 아모스처럼 대화를 나눠 보자. 글로 대화를 나누는 거
야. 먼저 네가 아빠에게 하고 싶은 말을 하고, 그럼 아빠가 대답을 해 줄게.
시간을 정하고 계속하는 거야. 알았지? 먼저 지금 네가 하고 싶은 말을 써
보렴."

거침없이 쓰기

말로 대화를 나눌 때는 깊이 생각하지 않고 나오는 경우가 많지만, 글로 대
화를 나누면 함부로 내뱉지 않는다. 차분히 상대편 말을 들여다보기 때문
에 말로 대화를 할 때보다 상대방 생각을 더 잘 읽어 낸다. 대화글을 쓰면
상대방 생각을 충분히 고려하여 자기 의견을 말한다. 뒤틀린 감정이나 상

처 주는 말이 나올 가능성이 줄어든다. 대화글에서 가장 중요한 태도는 아이가 글을 통해 무엇을 말하고자 하는지 잘 읽어 주는 것이다. 원리는 간단하다. 아이가 쓴 글에서 핵심을 요약한 뒤에, 하고 싶은 말을 하면 된다. 훈계조의 단어나 일방적으로 지시하는 내용은 피한다. 10분 정도 시간을 정한 뒤 주고받는 식으로 글을 쓴다.

소리 내어 읽기

아이가 쓴 글은 부모가 읽고, 부모가 쓴 글은 아이가 번갈아 가며 읽는다. 상대편 처지가 되어 글을 읽어 보면서 마음을 이해하도록 노력한다.

감상하기

대화글을 나눈 소감을 이야기한다. 대화글을 쓰면서 아이가 어떻게 느꼈는지 듣는다. 말로 대화를 나누는 것보다 의외로 편할 수도 있고, 말보다 어렵다고 느낄 수도 있다.

Wednesday 토론하는 거실

낭독하기

'또 다른 진드기 새' 편을 읽는다(55~60쪽). 또 다른 진드기 새는 쿰바의 남편인 아카다. 역시 대화가 중심이다. 앞에서 읽었던 방식과 마찬가지로 한 사람은 아모스, 한 사람은 아카를 맡아서 각각의 대화를 읽는다. 중간에 있는

지문은 바로 앞쪽 대화글을 읽은 사람이 읽는다.

역할토론 상황 이해하기

❶ 쿰바가 자리를 뜬 사이에 비단뱀이 찾아오고, 비단뱀이 화가 잔뜩 나서 물러간 뒤에는 '또 다른 진드기 새'인 아카가 나타난다. 아카는 쿰바의 남편이다. 아카는 직장을 구하기 위해 여기서 면접을 보고, 저기서 면접을 보고, 인도에서 면접을 보고, 아프리카에서도 면접을 본다. 많은 면접을 보지만 아카는 늘 불합격이다. 아카는 잘생기고, 매력 있고, 재치 있고, 애교 있는 자신이 왜 면접에서 떨어지는지 이해를 하지 못한다.

❷ 한쪽은 하마 역할을 하고, 한쪽은 면접을 보는 진드기 새 '아카' 역할을 한다. 아카는 자신의 매력, 재치, 애교, 외모를 장점으로 내세우며 채용을 요청하고, 하마는 아카에게 꼬치꼬치 질문하며 채용에 적절한지 살핀다. 아카 역할을 맡은 쪽이 매력, 재치, 애교, 외모, 용기, 지혜 등 자신이 지닌 재주를 적극적으로 알려 하마가 자신을 고용하게 만들어야 한다. 하마 역할을 하는 쪽은 무조건 거부하지 말고 이것저것 질문한 뒤 답변을 들어 보고 고용할 것인지, 말 것인지를 결정한다.

❸ 고용 여부는 하마가 한다. 결과가 어떻게 될지 궁금하다. 인형이나 종이 인형을 사용하기를 권한다.

역할토론

아 카 "진드기 새를 고용한다는 광고를 듣고 찾아왔습니다."

하 마 "어서 오세요. 이름이 뭐지요?"

아 카 "아카라고 해요."

하 마 "아카군요. 아카는 어떤 장점이 있죠?"

아 카 "전, 세계 곳곳을 돌아다니며 면접을 봤습니다. 그래서 세상을 많이 알지요."

하 마 "세상을 많이 아신다고요. 그게 저한테 무슨 도움이 되죠?"

아 카 "많은 도움이 될 거예요. 제가 돌아다니면서 경험한 이야기, 다른 세계 이야기를 틈날 때마다 재미있게 들려드릴 테니까요."

하 마 "흠, 그래요. 또 다른 재주가 있나요?"

아 카 "전 보다시피 외모가 예뻐요."

하 마 "당신이 예쁜 것이 저한테 무슨 도움이 되죠?"

아 카 "어머, 예쁘면 좋죠. 나를 보면 행복해질 거고. 다른 하마들도 예쁜 진드기새를 보면 부러워할 거예요."

하 마 "흠. 특기는 있나요?"

아 카 "전 재치 있고, 매력 있고, 애교가 있고, 똑똑하고, 용감해요."

하 마 "재치, 매력, 애교, 똑똑, 용기라. 그런데 혹시 벌레는 잘 잡나요?"

아 카 "벌레요? 글쎄요. 잘 잡아 보지 않아서⋯⋯. 전 재치, 매력, 애교, 용기, 지혜가 넘치니 그깟 것은 충분히 잘할 거예요. 그리고 벌레 잡는 것은 중요하지 않아요."

베껴쓰기

'아카 편'이다. 65쪽 마지막 줄부터 베껴 쓴다. 아카는 자신이 뛰어난 재주가 있음에도 고용하지 않는 하마들을 이해하지 못한다. 물론 아모스는 그 이유를 잘 안다. 남에게 싫은 소리를 할 줄 모르는 아모스는 아카에게 사실대로 말하지 못한다. 66쪽 중간을 보면 아모스가 속으로 하는 생각이 있다. 베껴 쓰면서 내면의 생각을 표현하는 법을 배운다.

함께 글감 찾기

···▶ 글감 : 나의 장점 써 보기

부모의 도움말

"아카는 장점이 참 많아. 아쉽게도 하마들에게 꼭 필요한 장점은 없지만. 그래도 언젠가는 아카가 지닌 장점을 알아 주는 하마를 만날 거라고 믿어. 난 아카가 자기 장점을 잘 알고 있는 것이 부러웠어. 그것도 아주 많이. 그럼 우리도 아카처럼 자신의 장점을 찾아서 적어 보자. 나도 할 테니까 누가 더 많은 종류를 쓰는지 내기하는 거야. 진 사람이 안마 해 주기."

거침없이 쓰기

생각보다 자기 장점 찾기가 쉽지 않으므로 시간을 평소보다 길게 준다. 부모도 함께 자신의 장점을 찾아본다. 정해진 시간에 누가 더 많이 자신의 장점을 찾아내는지 내기를 하면 경쟁심이 생겨서 더 많이, 더 빨리 쓴다.

소리 내어 읽기

아이가 쓴 장점은 아이가 읽고, 부모가 쓴 장점은 부모가 읽는다. 자기 장점을 또박또박 당당하게 밝힌다. 자신을 아는 것은 행복한 일이다. 소크라테스가 그랬다. 너 자신을 알라고.

감상하기

아이가 쓴 장점 중에서 정말 맞다고 생각하는 내용이 있으면 적절히 동의해 준다. "그래, 너한테 그런 장점이 있어." 부모가 쓴 장점을 읽어 주고, 스스로 쓴 느낌을 이야기 해 준다. 자연스럽게 서로 칭찬하고 격려하는 말을 해 주면서 서로에게 힘과 용기를 북돋아 주는 시간을 보낸다.

Friday 토론하는 거실

낭독하기

'하지만……하지만……' 편을 읽는다(151∼155쪽). 마음에 드는 예쁜 하마를 만난 아모스, 하지만 아메바 때문에 부끄러운 일만 당한다. 아모스가 느끼는 감정, 별난 하마를 보는 예쁜 하마의 호기심을 잘 살려서 읽는다. 아모스 부분을 읽을 때는 당황스러움을, 예쁜 하마 부분을 읽을 때는 비웃음을 잘 표현해 본다. 감정을 읽어 내는 능력은 독해의 기본이다.

역할토론 상황 이해하기

❶ 예쁜 하마를 만나서 사귀자고 말하고 싶었던 아모스는 아메바 때문에 창피만 당하고 만다. 결국 아모스가 처음으로 아메바에게 화를 버럭 냈고, 아메바는 아모스를 떠나 버린다. 아메바가 떠나자마자 아메바가 자신에게 얼마나 소중한 존재였는지 깨달은 아모스는 비단뱀에게 잡아먹힐 뻔한 아메바를 목숨을 걸고 구해 낸다. 아메바의 소중함을 깨달은 아모스는 새집을 그대로 둔 채로, 피하기만 했던 하마 친구들이 있는 곳으로 되돌아간다.

❷ 이 책에는 아메바가 소중한 친구임을 깨달은 아모스가 다시 하마 무리가 있는 곳으로 가서 어떤 일을 겪는지 나와 있지 않다. 아마 아모스는 당당하고 떳떳한 태도로 친구들을 대했을 것이다.

❸ 한쪽은 아모스, 한쪽은 예쁜 하마 역할이다. 아모스는 아메바가 소중한 친구임을 확인하고 당당한 태도로 예쁜 하마에게 친구를 하자고 제안하고, 예쁜 하마는 도저히 이해하지 못하겠다는 태도로 아모스를 대하는 역할극이다.

역할토론

아 모 스	"다시 만났네. 난 아모스야."
예쁜 하마	"어? 넌 그때 그 웃긴 하마잖아. 아직도 그 새를 머리에 이고 있네. 새집도."
아 모 스	"아메바야. 내 소중한 친구지."

예쁜 하마	"소중한 친구라고? 진드기 새가? 진드기 새는 벌레를 잡아먹는 새일 뿐이야. 우리가 고용한 새라고."
아 모 스	"아니, 아메바는 내 소중한 친구야. 우린 고용하고 고용당하는 관계가 아니라 서로 위해 주고 아껴 주는 사이야."
예쁜 하마	"뭐, 자신이 친구라고 생각하면 친구겠지. 그래도 그 새집머리는 조금 이상해. 아니 우스꽝스러워."
아 모 스	"물론 네가 보기에는 이상하고 우스꽝스럽겠지. 반면에 나한테는 아주 자연스러워. 내 머리는 넓고 난 내 친구가 편안하게 머물 공간을 주고 싶거든."
예쁜 하마	"정말 별나다."
아 모 스	"너, 나랑 친구하자. 난 널 처음 본 순간부터 반했어."
예쁜 하마	"친구를 하자고? 난 너처럼 별난 애랑은 친구 안 할 거야. 나조차 놀림감이 되는 것은 싫어."
아 모 스	"난 별난 것이 아니야. 난 진드기 새를 진정한 친구로 받아들였을 뿐이야. 너도 그래 봐. 그럼 내 마음을 이해할 거야."
예쁜 하마	"진드기 새와 친구하는 것은 가능할지도 모르겠어. 그래도 새집머리를 이고 다니는 건 좀 심했어. 정말 자존심 상하고 낯부끄러운 일이야."

베껴쓰기

'전속력으로 전진' 편을 베껴 쓴다(169쪽부터). 아메바와 아모스가 서로 우정을 확인하는 모습이 감동적이다. 거대한 하마와 작은 진드기 새가 서로 우정을 표현하는 모습을 상상하면 조금 어색하기도 하지만 진솔한 마음만은 전혀 어색하지 않다. 쓰기를 하면서 진한 감정을 어떻게 표현하는지 배운다.

함께 글감 찾기

···▶ **글감 : 가장 친한 친구를 소개하는 편지쓰기**

부모의 도움말

"처음에는 이야기가 어디로 흐를지 모르겠더니 아모스와 아메바가 진한 우정을 확인하면서 이야기가 끝나는구나. 아모스가 목숨을 걸고 비단뱀과 싸우고, 둘이 우정을 확인하고, 떠났던 아카와 다시 만나 기쁨을 확인하는 것을 읽으니 가슴이 뭉클한 걸. 우정이란 정말 아름다운 거야. 너도 친한 친구가 있지? 그 친구를 생각하면서 글을 써 보렴. '그 친구를 엄마에게 소개해 준다.'라고 생각하고 써 봐. 너에게 친한 친구면 엄마한테도 소중한 사람이니까 엄마도 알아야겠지?"

거침없이 쓰기

친한 친구를 떠올리기만 하면 쉽게 쓴다. 엄마에게 보내는 편지글이라는 형식이 조금 걸림돌이 될지도 모르겠다. 편지글에는 격식이 아니라 진솔함

과 자연스러움이 묻어나야 한다. 편지는 형식이 아니라 내용이 중요하므로
부담스러워 할 필요 없다고 말해 주면 편지글도 거침없이 쓴다. 목표 시간,
목표 분량을 정하고 연필을 대는 순간부터 끝까지 빠르게 쓴다.

소리 내어 읽기(자녀)

우정을 생각하며, 소중한 친구를 부모에게 당당하게 소개한다.

감상하기(부모)

아이가 그 친구를 소중하게 여기는 마음을 잘 보듬어 준다. 아이는 자신이
소중하게 여기는 친구를 부모도 소중하게 여겨 주기를 바란다. 소중한 자
식의 친한 친구는 부모에게도 소중하다. 아이가 소중함을 느낄 수 있도록
한다. "네가 정말 좋아할 만한 친구구나. 그런 친구를 두어서 행복하겠다."
마음을 헤아리는 것은 힘들다. 그리고 위대한 일이다.

Sunday 인터넷 글쓰기 _ 책 리뷰나 댓글 달아보기

❶ 책을 읽고 독후감을 쓰기도 하지만, 서평을 쓰기도 한다. 서평도 넓게 보
면 일종의 독후감이지만, 평가가 중심이라는 점에서 느낌과 의견이 중
심인 독후감과는 약간 성격이 다르다. 인터넷 서점을 방문하면 책에 리
뷰나 댓글을 다는 공간이 있다. 리뷰는 전형적인 서평이며, 댓글은 짧은
의견이다.

❷ 자신이 읽은 인상 깊은 책 중에서 골라 리뷰(서평)나 댓글을 달아 본다.
　서평은 다른 독자들이 책을 사는 데 많이 참고한다. 자신이 감명 깊게 본
　책을 다른 독자들도 나누기를 바라는 의미로 리뷰나 댓글을 단다.

 부모도 독후활동이 즐거워야 한다

부모들은 독후활동이라고 하면 특별한 기교부터 먼저 생각한다. 그림 그리기, 신문 만
들기, 마인드맵 그리기, 편지 쓰기, 인터뷰 쓰기 등 어떤 책을 어떤 방법으로 독후활동
을 지도해야 하는지 고민한다. 하지만 이것이 중요한 것은 아니다. 독후활동은 말 그대
로 아이가 책을 읽고 난 뒤 알게 된 사실이나, 느낌을 표현하는 활동이다. 부모는 아이
가 책을 읽고 자기 생각을 즐겁게 표현하도록 환경을 마련해 주면 된다. 독후활동을 즐
겁고 잘하게 하려면 부모가 즐거운 반응을 보이면 된다. 아니 정말 즐거워해야 한다.
부모가 즐거워하면 아이도 책을 읽고 표현하는 활동을 즐거워한다. 즐거우면 계속 하고,
계속 즐겁게 하면 창의적인 표현이 저절로 나온다. 어떻게 할지 몰라 아이가 고민하면
그때 가서 이런저런 방법으로 해 보면 좋지 않을까하고 넌지시 도움을 준다. 그것이
전부다.
즐거운 일을 할 때는 가르치지 않아도 스스로 방법을 찾아 나가고, 실력을 키워 나간다.
그리고 부모가 진심으로 즐거운 마음으로 대하면, 아이도 즐겁게 한다. 물론 그 반대도
마찬가지다. 인생은 즐겁게 살기에도 짧다. 지금 이 순간의 모습으로 사는 시간은 더욱
짧다.

넷째 주

4 week

잘난 척쟁이 경시대회

(앤드루 클레먼츠 글, 국민서관 펴냄)

『프린들 주세요』를 통해 언어가 어떻게 형성되는지 재미있게 보여 준 작가 앤드루 클레먼츠가 이번에는 과학이 무엇인지 보여 준다. 과학을 그저 하나의 시험 과목으로만 여기거나, 좋은 상급 학교를 가기 위한 스펙 쌓기용으로 대하고 있다면 이 책을 반드시 읽어야 한다. 비싼 최신형 컴퓨터를 둘러싼 교내 과학경시대회를 통해 진짜 과학하는 자세가 무엇인지 보여 주는 좋은 책이다. 최신형 컴퓨터의 주인은 누구일까? 당연히 주인공일까? 아니면 다른 누구일까?

Mon day **토론하는 거실**

낭독하기

'최고의 경쟁자' 편이다. 46쪽 아랫부분 윌리와 대화를 나누는 부분부터 49쪽까지 낭독한다. 윌리는 함께 하자고 설득을 하고 제이크(주인공)는 거부하는 장면이다. 윌리는 설득하려고 하므로 약간 톤이 높고 빠르게, 제이크는 마땅치 않은 상태이므로 느리고 낮은 톤으로 말한다. 본인이라면 윌리와 같은 제안을 받았을 때 어떤 마음일지 생각하며 읽는다.

역할토론 상황 이해하기

❶ 모든 학생들이 꿈꾸는 최신형 컴퓨터가 1등상인 과학경시대회가 시작되었다. 잘난 척쟁이 마샤와 케빈뿐만 아니라 평소에 얌전히 지내던 제이크와 윌리까지 총출동한다. 아이들은 최신형 컴퓨터를 차지하겠다는 꿈에 부풀고, 꿈이 큰 만큼 경쟁은 치열하다. 제이크의 단짝 친구인 윌리가 제이크에게 경시대회를 함께 준비해서 참가하자고 제안하지만, 제이크는 컴퓨터를 혼자 독차지하고 싶은 마음에 윌리가 한 제안을 일언지하에 거절한다.

❷ 윌리 역할을 맡은 이는 함께 하면 엄청나게 뛰어난 작품을 만들 거라며 우정을 위해, 그리고 1등 상을 위해 함께 하자고 제안한다. 제이크 역할을 맡은 이는 1등 컴퓨터를 타면 둘이서 어떻게 처리할지 난감할 거라며 컴퓨터를 독차지하고 싶은 욕심을 드러낸다. 우정이냐? 최신형 컴퓨터냐? 도덕적으로 판단하지 말고 정말 현실이면 어떻게 할 것인지를 생각하며 대화를 나누어 보자.

역할토론

월 리 "최신형 컴퓨터 정말 끝내 주지? 1등해서 그거 가지면 정말 좋겠다. 인터넷 1년 무료 이용권도 탐나."

제이크	"그래 좋지. 그래서 우리 둘 다 도서관에 왔잖아."
월 리	"제이크, 우리 같이 하지 않을래? 우린 친구잖아. 그러니 함께 하면 더욱 재미있을 거야."
제이크	"월리, 이건 최신형 컴퓨터를 두고 벌이는 경쟁이야. 난 혼자 할 거야."
월 리	"흠, 그래도 같이 하는 것이 좋지 않을까? 아무래도 혼자 하는 것보다는 둘이 하면 더 멋진 생각이 떠오르잖아."
제이크	"글쎄, 난 둘보다 나 혼자 하는 것이 훨씬 나을 것 같아. 스스로 생각하고 고민하면서 과학 경시대회를 준비하면 온전히 자기 공부가 되잖아."
월 리	"혼자는 심심하고 외롭지 않겠어? 고민이 들 때, 해결할 수 없는 문제에 부딪혔을 때 둘이 하면 훨씬 쉽게 해결할 수 있을 것 같은데."
제이크	"혼자보다야 낫겠지. 그리고 1등을 했을 때 컴퓨터를 누구 집에 둘 건데?"
월 리	"일주일은 너희 집에, 일주일은 우리 집에 두면 되잖아."
제이크	"일주일마다 옮기는 건 번거로워. 컴퓨터는 자기 것을 사용해야지."
월 리	"우린 바로 옆집이라 옮겨 다녀도 큰 문제없을 것 같은데. 뭐 정 안되면 너희 집에 두고 내가 사용하러 자주 가도 좋아."
제이크	"월리, 지금은 그렇게 얘기하지만 진짜 컴퓨터가 생기면 그렇게 하기 쉽지 않을 걸."

베껴쓰기

'아이디어' 편을 베껴쓰기할 것을 권한다(63쪽). 작가는 이야기를 전개하는 과정에서 자연스럽게 과학 연구 방법을 소개한다. 관찰, 의문, 가설, 방법, 결과, 결론으로 나누어 관찰과 의문이 과학적 결론으로 정립되는 과정을 잘 보여 준다. 베껴쓰기를 하면서 막연한 과학이 아니라 생생한 과학, 탐구할 줄 아는 과학을 배운다.

함께 글감 찾기

⋯▶ 글감 : '~에 대한 ~의 효과는 무엇인가?' 상상해서 쓰기

부모의 도움말

"64쪽을 보니 '~에 대한 ~의 효과는 무엇인가?'라는 형태로 탐구하고 싶은 주제를 정하라고 했네. 잔디 모종에 대한 주방 세재의 효과는 무엇인가? 월리가 먹는 샌드위치에 대한 매운 고추의 효과는 무엇인가? 정말 재미있는 가설이다. 너도 한 번 만들어 볼래? 예를 들면 선생님에 대한 숙제 안 하는 효과는 무엇인가? 아빠의 옷에 대한 페인트의 효과는 무엇인가? 뭐 이런 여러 가지를 상상해 보렴. 그리고 그 효과가 무엇일지 적어 보는 거야."

거침없이 쓰기

거침없이 쓰기 전에 '~에 대한 ~의 효과는 무엇인가?' 형태로 몇 가지 가설을 쓴다. 의문을 던진 다음에는 과연 어떤 효과가 있을 것인지 추측을 해

본다. 의문을 하나만 해 두면 얼마 쓰지 못할 수도 있으므로 1분에 한 가지 정도의 가설은 준비하는 것이 좋다. 3분이면 세 가지 가설, 5분이면 다섯 가지 가설이다. 가설을 세우고, 추측을 했으면 거침없이 쓴다. 처음부터 끝까지 지우개를 사용하지 않고 단숨에 쓴다.

소리 내어 읽기(자녀)

'~에 대한 ~의 효과는 무엇인가?'를 부모가 말하면 아이가 자신이 쓴 내용을 읽는다. 과학은 무엇이든 분명해야 한다. 또렷한 목소리가 과학에 어울린다.

감상하기(부모)

추측이 제시한 의문에 대해 얼마나 적절한지 과학적으로 판단한다. 이는 글쓰기에 대한 판단이 아니라 추측에 대한 판단이다. "세탁기에 대한 과일의 효과를 지저분함과 향기의 조화라고 했구나. 긍정과 부정을 모두 적절하게 추측했네." 과학적인 적절성과는 별개로 창조적인 생각이나, 우스꽝스러운 이야기이면 실컷 웃어 준다. "그러게. 아마 페인트를 네가 뒤집어 썼을지도 몰라. 하하하! 아빠라면 그러고도 남지. 우하하하!"

낭독하기

'기권' 편이다. 제이크가 윌리에게 "과제물을 시작했니?"라고 묻는 데부터 (92쪽) '케빈은 규칙을 지키지 않았지만 정당하지 않았다.'라고 제이크가 결론을 내리는 데까지(96쪽) 낭독한다. 대회를 포기한 윌리의 심정과 케빈의 행동에 분노하는 윌리의 심정이 대조적으로 드러나도록 읽는다. 감정을 담을 줄 알면 독해는 저절로 된다.

역할토론 상황 이해하기

❶ 잘난 척쟁이 캐빈이 아이들에게 자신의 과제물을 자랑하고 다닌다. 이를 지켜 본 몇몇 아이들은 캐빈의 뛰어난 작품을 보고 아무리 노력해 봐야 1등은 불가능할 것이라고 생각하고 지레 포기한다. 윌리도 마찬가지다. 제이크는 캐빈의 노림수가 바로 너희들이 자포자기하게 만드는 것이라고 말하고 다시 시작하라고 독려하지만, 윌리는 과제물에 매달리는 것이 지겨워졌다면서 다시 시작하지 않겠다고 한다. 제이크는 캐빈에게 분노한다. '캐빈이 규칙을 어기지는 않았지만 정당하지 않았다.'고 생각하기 때문이다.

❷ 한쪽은 제이크 역할을 하고 한쪽은 캐빈 역할을 한다. 제이크 역할을 하는 이는 '캐빈이 학교에서 정한 규칙을 어기지는 않았지만 비겁한 방법으로 친구들이 대회에 참여하는 것을 방해했다.'고 주장하고, 캐빈은 '규칙을 어기지 않았으므로 비겁하지 않으며 정당하다.'고 주장한다.

역할토론 예시

제이크	"캐빈, 네가 너 연구 과제물을 친구들에게 보여 주면서 다녔다며?"
캐 빈	"응. 친구들한테 자랑하고 싶었거든. 사실 내가 조금 잘난 척쟁이잖아."
제이크	"조금이 아니라 많이 잘난 척쟁이지. 넌 비겁했어. 그렇게 해서 친구들을 포기하게 만들었잖아."
캐 빈	"그러게. 난 그냥 보여 주기만 했는데 몇몇이 포기하더라. 그리고 그게 왜 비겁해. 난 그냥 보여 주기만 한 건데."
제이크	"넌 보여 주기만 했지만, 친구들은 네 걸 본 뒤에는 노력해 볼 생각도 안 하고 포기해 버렸어. 그게 너의 의도였잖아?"
캐 빈	"노력 안 한 것이 걔네들 탓이지. 내 탓은 아니잖아? 선택은 걔네들이 한 거지, 내가 한 것이 아니야."
제이크	"그래 몇몇 아이들이 알아서 포기했지. 너의 의도는 성공했어. 그리고 우리는 전쟁을 치루는 것이 아니라 학교에서 경시대회를 하고 있는 거야. 각자 최선을 다한 뒤에 결과를 두고 겨뤄야지 미리 포기시키면 어떻게 해?"
제이크	"경쟁은 승리하기 위해서 하는 거야. 난 규칙을 어기지 않았어. 규칙을 지키는 가운데 경쟁하는 것을 정당하지 않다고 누가 감히 말할 수 있겠어?"
제이크	"그래, 넌 규칙을 지켰어. 그리고 그 규칙은 학교에서 마련한 거지. 중요한 것은 친구끼리는 친구들 사이에 지켜야 할 규칙도 존재한다는 거야. 비록 종이에 적힌 규칙처럼 눈에 보이지는 않지만……."

캐빈 "친구들 사이에 지켜야 할 규칙은 있어. 그리고 친구들 사이에 지켜야 할 규칙에 대한 생각은 각자 달라. 난 남의 것을 훔쳐 보거나, 못하게 방해하지 않았어. 난 보이지는 않지만 지켜야 할 친구들 사이의 규칙에 내 행동이 어긋난다고 생각하지 않아."

Thursday 글 쓰는 식탁

베껴쓰기

'잘난 척쟁이 안 되기' 편이다. 112쪽 가장 아래 줄부터 베껴 쓴다. 제이크와 윌리가 함께 실험을 하는 과정을 꼼꼼히 기록한 부분이다. 전형적인 서사문이다. 동작과 동작, 행동과 행동을 어떤 식으로 세밀하게 서술하는지 베껴 쓰면서 익히기 바란다. 이런 서사문은 되도록 많이 베껴 써 보아야 한다. 서사문 쓰는 능력이 늘면 일상을 기록하는 힘이 강해지고, 일상을 기록하는 힘이 강해지면 글쓰기 실력은 몰라보게 성장할 것이다.

함께 글감 찾기

⋯→ 글감 : 내가 보낸 오늘 하루를 서사문으로 쓰기

부모의 도움말

"윌리와 제이크가 실험을 하는 과정을 세밀하게 썼구나. 이러한 글을 서사문이라고 해. 행동, 동작, 사건을 순서대로, 있는 그대로 쓰는 글이야. 너도 서사문을 한 번 써 보자. 주제는 '내가 보낸 오늘 하루'야. 아침에 일어나서 부터 지금까지를 쭉 생각해 봐. 어떤 사건이 있었는지, 누구를 만났는지, 나는 어떤 동작을 했는지 순서대로 생각하는 거야. 생각이 안 나면 시간대별로 나누어 봐. 아침, 오전 학교, 점심, 오후 학교, 학원, 저녁 식사. 너무 많이 생각나면 다 기록하려 하지 말고 그 중에서 정말 인상 깊은 것만 골라.”

거침없이 쓰기

하루를 어느 정도 보낸 늦은 오후나 저녁 시간에 쓰기 적당한 주제다. 아주 쉽게 쓰는 아이들도 있지만, 별다른 일 없었다면서 어떻게 써야 할지 갑갑해 하는 아이들도 의외로 많다. 그럴 땐 이렇게, 저렇게 쓰라고 하기보다 시간 단위로 생각을 떠올리게끔 질문을 던진다. “아침에 무슨 일이 있었지?”, “학교에 가는 길은?”, “도착해서는 어땠어?”, “선생님과는 무슨 수업을 했어?”, “점심때는 뭐하고 놀았니?”

충분히 생각을 떠올렸으면 거침없이 쓴다. 혹시 쓸 내용에 비해 시간이 부족하다고 하면 원고지 분량을 기록한 뒤에 더 쓰라고 한다.

소리 내어 읽기(자녀)

오늘 하루를 회상하면서 읽는다. 서사문은 이미지가 강한 글이다. 자신이 보낸 하루를 떠올리면서 읽으면 더욱 실감난다.

감상하기(부모)

글을 들으며 장면, 사건, 동작을 떠올린다. 듣는 것으로 부족하면 눈으로 보면서 읽고 장면을 상상해 본다. 글을 통해 이미지나 사건, 동작을 선명하게 떠오르게 했다면 그것을 말해 준다. "점심시간에 네가 어떻게 놀았는지 선명하게 보이는 듯하구나." 딱히 꼽을 만한 표현이나 뛰어난 점이 보이지 않으면 "네가 나와 떨어져 있을 때 어떻게 보내는지 궁금했는데 조금 알겠네."라고 한다. 그리고 세밀함이 부족하면 "중간에 어떤 일이 있었는지 조금 더 자세히 썼으면 궁금증이 해결됐을 텐데 아쉽네." 정도로 말한다.

Friday 토론하는 거실

낭독하기

'기권' 편이다. 96쪽 '그리고 난 마샤에 대해서도 화가 머리끝까지 치밀었다' 부터 98쪽까지 읽는다. 제이크의 분노가 하늘을 찌르는 상황이다. 분노의 감정을 적절히 담아서 글을 읽는다. 감정을 이해하면 글이 마음 깊은 곳에 와 닿는다.

역할토론 상황 이해하기

❶ 제이크는 최신형 컴퓨터 때문에 벌어지는 사건들에 대해 화가 났다. 캐 빈과 마샤의 비겁한 행동, 친구들끼리 지나친 경쟁, 소중한 크리스마스 도 제대로 못 보내고 친한 친구인 윌리를 거절하면서 컴퓨터에 미친 자 기 모습에 화가 났다. 그리고 이 모든 문제가 과학 경시대회 상금으로 '최신형 컴퓨터'를 내놓은 레니 코르도씨와 그것을 받아들인 학교 선생 님들 때문에 생겼다고 여긴다.

❷ 한쪽은 제이크 역할을 하고, 한쪽은 윙키 컴퓨터 사장인 코르도 씨 역할을 한다. 제이크 역할을 하는 이는 최신형 컴퓨터를 내건 과학 경시대회가 아이들을 망치고 있다고 주장한다. 코르도 씨는 건전한 경쟁을 통해 과학에 대한 관심을 키운 것은 좋은 일이라고 주장한다.

역할토론

제이크	"코르도 사장님. 모든 아이들이 이번 과학 경시대회 때문에 미쳐가고 있어요."
코르도	"미쳐 가고 있다고? 음, 과학에 미치는 것은 좋은 일이지."
제이크	"과학에 미치면 좋죠. 그리고 아이들은 과학이 아니라 컴퓨터를 타기 위해 별의별 짓을 다하고 있다니까요."
코르도	"별의별 짓이라. 최선을 다하는 것은 언제나 좋은 거야."
제이크	"답답하십니다. 우리 반 잘난 척쟁이 캐빈과 마샤는 친구들이 지레 포기하게 만들기 위해 자기 연구 과제물을 자랑하고 다녔어요. 전 가장 친한 친구를 발로 차 버렸고, 소중한 크리스마스를 엉망으로 보냈고요. 다른 아이들도 모두 컴퓨터에 미쳐서 제대로 하는 것이 없어요."
코르도	"조금 부작용이 있기는 하구나. 그래도 컴퓨터 때문에 열심히 과학을 공부하고, 연구하고, 탐구하고 있잖아. 너부터도. 그걸로 난 충분하다고 생각하는데."
제이크	"연구를 하기는 하죠. 문제는 그게 과학이 좋아서가 아니라 컴퓨터

가 좋아서라는 거예요. 코르도 씨는 아이들이 과학에 열중하고, 호
기심을 품게 할 생각이지만, 아이들은 욕심에 열중하고 있을 뿐이에
요."

코르도 "욕심이 바로 과학의 출발이라고 난 생각해. 무언가 이루겠다는 욕
심, 얻겠다는 욕심으로 열심히 하다 보면 세상이 나아지는 거야."

제이크 "그런 욕심이 아니라 친구를 무조건 이겨서 컴퓨터를 독차지하겠다
는 욕심이니까 문제죠. 그런 욕심은 초등학생인 우리에게 해만 끼친
다고요. 과학을 순수하게 좋아하는 마음이 사라져서 더 문제에요."

Saturday · 글 쓰는 식탁

베껴쓰기

'진짜 우승자는?' 편이다. 134쪽 '놀라운 사실은 피트가 그 과제물을 시작한
때가 10월이었다는 거다.'부터 '피트야말로 진정한 과학 소년, 진정한 우승
자였던 거다.'까지 베껴 쓴다. 이 책이 말하는 주제가 등장하는 대목이다.
피트가 1등을 할 수밖에 없었던 이유를 생각하면서 쓴다. 과학이란 무엇인
지, 과학을 대하는 올바른 태도가 무엇인지 깨닫게 하는 중요한 문장이다.
길게 쓰지 말고 피트가 우승한 근본 이유에 관한 부분만 베껴 쓴 뒤에, 가만
히 읽으면서 문장을 곱씹어 보기를 권한다.

함께 글감 찾기

···→ 글감 : 무언가 새로운 것을 알았을 때의 기쁨 또는 놀라움 쓰기

부모의 도움말

"아는 것은 기쁨이고, 행복인데 요즘 너희들은 안다는 기쁨보다 시험 보기 위한 공부에 너무 치여 사는구나. 참 미안하고 안타깝다. 그리고 너도 피터처럼 무언가 배운다는 상황 자체가 즐거웠던 적이 분명히 있을 거야. 아빠는 얼마 전 텔레비전에서 색소의 무서움을 알게 되었을 때 너무 놀랐어. 정말 충격이었지. 그리고 우리 가족이 이젠 몸에 안 좋은 색소를 먹지 말자고 결심해서 기뻤어. 넌 어떠니? 어떤 걸 알았을 때 기쁘고, 반갑고, 신기한 경우가 분명 있었을 거야. 그런 경험을 떠올려 보렴. 배웠던 내용도 자세히 생각해 보고."

거침없이 쓰기

쉬운 주제처럼 보이지만 생각을 열게 하지 않으면 의외로 어려운 주제다. 공부 스트레스가 그만큼 많기 때문이다. 부모의 경험을 미리 들려 주면 좋다. 부모의 경험을 들으면 비슷한 형식의 경험을 스스로 떠올린다. 생각이 떠오르면 배움의 내용을 자세히 떠올리도록 해야 한다. 생각의 꼬투리가 잡혔으면 실타래처럼 풀어 낸다.

소리 내어 읽기(자녀)

새로운 지식, 놀라운 지식을 알았을 때의 기분을 최대한 표현한다. 글은 감정을 담는 좋은 그릇이다.

감상하기(부모)

아이가 찾아 낸 행복한 기억, 놀라운 기억에 주목한다. 지식을 습득하는 기쁨을 느껴야 공부에 대한 흥미가 생긴다. 즐거움 없는 공부는 비효율적이다. "그래, 그런 지식이 있었구나.", "그때 그렇게 기뻤구나!"처럼 그저 아이가 말한 내용을 다시 확인해 주는 것만으로 충분하다.

 인터넷 글쓰기 _ 관심 있는 분야의 커뮤니티 가입하기

❶ 인터넷은 세상을 향한 통로로 오프라인 세상에서는 만나기 어려웠던 사람들과 교류가 가능하다. 커뮤니티는 비슷한 취미와 관심을 지닌 사람끼리 만나는 공간이며, 매력적인 교류 통로다.

❷ 아이가 좋아하고 관심 있는 분야에 어떤 커뮤니티가 있는지 함께 검색한다. 마음에 드는 커뮤니티가 있으면 방문해 보고 가입할 만한지 검증한다. 가입할 만하다고 판단했다면 가입하고, 첫 활동 글을 남긴다. 다른 회원들이 남긴 글도 읽어 보면서 앞으로의 활동 계획을 세워 본다.

에필로그

꾸준히
실천하기
위하여

4주 동안 토론하는 거실, 글 쓰는 식탁에 함께 해 주신 엄마, 아빠, 아이를 대신하여 감사 인사를 전한다. 실천 연습법을 바탕으로 4주를 충실히 진행했다면 앞으로 가정에서 토론하고 글쓰기를 함께 하는 데 큰 어려움은 없을 것이다. 그럼에도 전문가가 아니라는 점 때문에 약간의 어려움을 느낄 수도 있겠다는 생각이 든다. 그래서 지속적으로 토론하는 거실, 글 쓰는 식탁을 만들기 위해서는 어떻게 하는 것이 좋은지 몇 가지 방법을 소개하고자 한다.

1. 어떤 책을 선택할까요?

어떤 책을 선택하느냐에 따라 토론과 글쓰기에 큰 영향을 끼치므로 좋은 책을 골라야 한다. 시중에는 좋은 권장도서 목록이 많이 있으므로 일단 이를 참고하여

토론

책을 고르기 바란다. 그럼에도 좋은 책을 고르는 것이 어렵다면 아래 방법을 사용해 보자.

첫째, 작가에 주목한다. 정말 좋다고 생각한 책이 있으면 해당 작가를 반드시 기억한다. 좋은 작가는 계속해서 좋은 책을 쓸 가능성이 높다. 물론 항상 좋은 책을 쓰는 것은 아니지만, 그래도 검증된 작가가 쓴 책은 좋은 책일 가능성이 높다. 책을 읽을 때 제목뿐만 아니라 작가까지 기억하는 습관을 들여 놓으면 책을 고를 때 도움을 받을 뿐만 아니라, 작가의 작품을 비교해서 생각하는 기회도 얻게 된다. 한 작가의 작품이 어떻게 다른지 비교하는 것은 책을 더 잘 이해할 수 있는 매우 좋은 방법이다.

둘째, 출판사를 살펴본다. 좋은 책을 많이 출판한 출판사의 책은 믿을 만하다. 좋은 책을 많이 펴냈다는 것은 그 출판사 편집진이 일정 수준 이상의 안목을 지녔다는 뜻이다. 마음에 드는 출판사를 발견하면 그 출판사가 펴낸 비슷한 류의 다른 책을 선택한다. 크게 실망하지는 않을 것이다. 좀 더 나아가서 출판사뿐만 아니라 편집인도 확인해 본다. 좋은 편집인이 좋은 책을 만든다. 편집인까지 기억한다면 정말 훌륭한 책 고르기 선수다.

셋째, 외국 번역본인 경우에는 번역가를 살펴본다. 정말 마음에 드는 책을 발견하였으면 그 책을 번역한 번역가를 메모해 둔다. 그 번역가가 번역한 다른 책도 좋은 책일 가능성이 높다. 그 번역가는 책을 고르는 힘이 있고, 번역하는 능력도 있는 사람이다.

넷째, 외국 번역본일 경우 원작에 충실한 책을 읽는다. 요약한 책은 읽지 않는 것이 좋다. 원작과 간추려서 쓴 글은 수준이 다르다. 원작을 축약해서 쓴 글은 아무리 잘 써도 원작의 맛을 다 살리지 못한다.

다섯째, 글만 보지 말고 그림이 끌리는 책을 고른다. 그림은 글 못지않게 좋은 책을 구성하는 요소다. 좋은 그림, 마음이 끌리는 그림이 있는 책을 고르면 크게 실망하지 않는다.

이상 다섯 가지 방법만 잘 적용해도 책 고르는 데 도움이 되리라 믿는다. 그런데 '혹시 제대로 못 고르면 어떻게 하지?' 하며 부담스러워 할 필요는 없다. 읽고 싶은 책을 읽고, 토론하고 싶은 책으로 토론하면 충분하다. 편독을 장려하라는 말을 기억하는가? 읽고 싶은 것을 마음껏 읽는 것이 가장 좋은 독서법이다.

2. 역할토론 주제는 어떻게 뽑아야 하나요?

훌륭한 토론 주제를 뽑는 것은 쉽지 않다. 토론 주제를 잘 뽑는 능력이 생겼다는 것은 책을 깊이 있게 이해하는 능력이 생겼다는 뜻이다. 그러므로 아이에게 토론 주제를 뽑아 보라고 해 보자. 그렇다고 토론 주제를 잘 뽑아야 한다는 생각에 너무 얽매일 필요는 없다. 토론은 주제가 중요한 것이 아니라 토론을 했다는 것 자체가 중요하다. 재미있게 이야기할 수 있는 주제나 상황이면 그것으로 족하다. 책을 읽고 역할토론 주제를 뽑아 내는 두 가지 요령을 소개하니 잘 활용해 보기 바란다.

첫째, 재미있거나 극적인 장면이 나오면 똑같은 상황으로 역할극을 한다. 실천법에서도 소개했듯이 역할토론이라고 해서 꼭 대립하는 주제로 논쟁할 필요는 없다. 역할토론의 본질은 역할극이다. 따라서 재미있거나 극적인 장면이 나오

면 그냥 연극을 하듯이 똑같은 상황을 설정하고 대화를 나누면 된다. 특히 저학년일수록 책에 나온 장면, 상황을 있는 그대로 재현해서 이야기를 나누는 방식이 효율적이다. 물론 똑같은 대화를 나눌 필요는 없다. 상황과 조건만 동일하고 대화는 얼마든지 다르게 해도 된다.

둘째, 등장인물끼리 조금이라도 논쟁을 하거나 다투는 상황이 나오면 바로 같은 상황에서 역할토론을 한다. 모든 책에는 갈등 구조가 있고, 갈등 상황이 있다. 소설을 이끌어가는 동력이 '갈등'이기 때문이다. 갈등이 없으면 소설이 아니다. 갈등은 대부분 인물 사이의 대화를 통해 겉으로 드러나므로, 바로 그 부분을 선택하여 역할 토론을 하면 된다. 인물끼리 조금이라도 다투는 듯한, 의견이 다른 듯한 부분이 나오면 바로 역할토론 장면으로 선택한다.

3. 어떻게 하면 글 쓰는 식탁이 풍성해질까요?

4주 동안의 훈련을 통해 어떤 방식의 글을 쓰고, 어떤 방식으로 글쓰기를 지도하는 것이 바람직한 것인지 감을 잡았으리라 믿는다. 앞서 소개한 방법을 꾸준히 실천하면 글쓰기 실력이 몰라보게 향상될 것이다. 그리고 앞서서 소개한 방법 중에서 꼭 잊지 말고 실천하면 좋은 글쓰기 지도법 두 가지만 강조하겠다.

첫째, 잘 쓰는 분야를 발견해 주고 집중해서 쓰도록 격려해 준다. 앞서 충분히 설명했듯이 잘 쓰는 분야를 계속해서 쓰면 글 쓰는 재미도 늘고, 글쓰기 실력도 몰라보게 발전한다. 그래서 잘 쓰는 분야를 발견해 주는 것이 중요하다. 자녀가 상상하는 글을 잘 쓰는지, 생활글을 잘 쓰는지, 관찰하는 글을 잘 쓰는지, 소설을 잘 쓰는지, 우스운 이야기를 잘 쓰는지, 연극 대본을 잘 쓰는지, 논술문을 잘 쓰는지, 설명문을 잘 쓰는지를 발견해 주어야 한다. 이걸 발견했다면 글쓰기 지도의 70%는 이루어졌다고 보아도 된다. 아이가 쓰는 글을 잘 살펴보자. 재미있어 하면서 잘 쓰는 분야가 분명히 있다. 애정으로 바라보면 보인다.

둘째, 잘 쓰는 분야를 발견했으면 그 분야와 관련하여 가장 좋은 책을 골라 베껴 쓰게 한다. 잘 쓰는 분야를 더욱 잘 쓰기 위해서는 베껴쓰기를 통한 연습이 필요하다. 앞서 언급했듯이 베껴 쓰는 것은 정말 매력적인 글쓰기 훈련법이다. 지속적으로 자기가 잘 쓰는 분야의 글을 쓰고, 지속적으로 같은 분야의 책으로 베껴 쓰면 부모도 깜짝 놀랄 정도로 글쓰기 솜씨가 느는 자녀를 만나게 될 것이다.

4. 토론하는 거실, 글 쓰는 식탁을 어떻게 하면 완전히 정착시킬 수 있을까요?

최고의 CEO로 꼽히는 애플의 스티브 잡스가 일할 때 가장 많이 했던 말이 'NO'라고 한다. 남들은 무엇을 더할까 고민할 때 어떻게 하면 더 빼낼까 고민했다고 한다. 회사 제품을 수백 개에서 열 개로 줄이고, 홈페이지도 단순화한 뒤 군더더기는 없애 버렸다. 집중하기 위해서다. 문제를 단순화해서 꾸준히 집중하는 것이 가장 효율적이라는 것을 알기 때문이다.

이런저런 원칙이나 방법을 너무 복잡하게 생각하지 말자. 단순하게 생각하라. 모든 진리는 단순하다. 공부를 잘하는 원칙은 단순하다. 학생이 의지를 품고 자기만의 공부법으로 열심히 노력하면 된다. 다 아는 진리인데 이 단순한 진리를 꾸준히 실천하지 못해서 많은 학생들이 공부를 못한다.

'토론 하는 거실, 글 쓰는 식탁'을 완전히 정착시킬 수 있는 비결은 단순하다. 아이를 토론의 달인, 글쓰기 달인으로 만드는 비결도 단순하다. 스티븐 잡스처럼 이 책에 있는 모든 문장을 다 버리고, 다음 다섯 문장으로 그 비결을 정리해 보겠다.

1. 아이의 말에 귀를 기울인다.

2. 일상의 대화를 즐겁게 나눈다.

3. 역할토론을 즐겁게 한다.

4. 쓰고 싶은 글을 마음대로 쓰게 한다.

5. 아이가 쓴 글에 따뜻하게 반응한다.

단순하게! 꾸준히! 이것이 바로 성공의 비결이다.

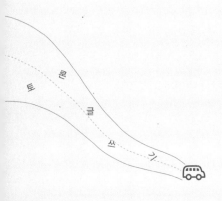

토론이 밥 먹여 준다

국어 어휘력이 밥이다

고등 국어 1등급
중학 국어 만점 프로젝트,
한자 어휘

국밥연구소 지음 | 14,800원

교과서 어휘력이 밥이다

고등 국어 1등급
중학 국어 만점 프로젝트,
교과서 개념어

국밥연구소 지음 | 15,800원

국어 독해력이 밥이다

고등 국어 1등급
중학 국어 만점 프로젝트,
문해력

국밥연구소 지음 | 14,800원

국어가 밥이다

고등 국어 1등급
중학 국어 만점 프로젝트,
국어 공부법

국밥연구소 지음 | 14,800원

초등 공부머리 완성 프로젝트, 토론·글쓰기